Hanna Willhelm
Mach mal Pause, Mama!
Kleine Glaubensoasen für junge Mütter

Über die Autorin

Hanna Willhelm ist Redakteurin bei ERF Medien und Mutter von zwei Jungs im Grundschul- und Kindergartenalter. Sie ist fasziniert von der Tiefe biblischer Texte und ihrer Relevanz für den Alltag. Zusammen mit ihrer Familie lebt die gebürtige Badenerin heute in Wetzlar/Mittelhessen.

Hanna Willhelm

MACH MAL PAUSE, MAMA!

Glaubensoasen für junge Mütter

GerthMedien

Für meinen Mann – gemeinsam mit dir und den Kindern unterwegs zu sein, ist die schönste Reise, die ich mir für mein Leben vorstellen kann! Und für meine beiden Jungs – ihr seid unsere beiden größten Schätze! Wie schön, dass Gott uns euch geschenkt hat.

© Tobias Eckardt

Inhalt

Vorwort

Liebe Mit-Mama,

ich kenne dich nicht persönlich und weiß daher auch nicht, in welcher Situation du dieses Buch liest. Vielleicht hast du kleine Kinder, sonst hättest du nicht zu diesem Titel gegriffen. Vermutlich ist dir der christliche Glaube in irgendeiner Weise wichtig, sonst hättest du kein Interesse an einem Andachtsbuch. Es sei denn, du hast dieses Buch geschenkt bekommen – dann hoffe ich, dass du daraus trotzdem einige gute Gedanken über Gott und das Mamasein für dich mitnehmen kannst.

Ich selbst war es vor der Geburt unserer beiden Jungen gewohnt, mich jeden Tag für eine gewisse Zeit zurückzuziehen. In dieser Zeit konnte ich innerlich ruhig werden, mit Gott reden und in der Bibel lesen. Diese „Stille Zeit" war für mich eine Art Rettungsanker, der mir dabei half durchzuatmen, Dinge im Gebet vor Gott zu bringen und zu sortieren, neue Kraft zu tanken, Gott Raum in meinem Leben zu geben.

Es ist sicher keine Überraschung, wenn ich sage, dass es nach der Geburt unserer Kinder schwierig wurde, diese Gewohnheit beizubehalten. Es fehlte mir die Zeit, mich ungestört irgendwo hinzusetzen oder ich war zu müde dazu. Auf der anderen Seite merkte ich sehr bald, dass ich diese Zeit mit Gott brauche, wenn ich für meine Umgebung nicht ungenießbar werden will, oder der Glaube nicht zu einer Randerscheinung meines Lebens werden soll.

So stapelten sich in meinem Bücherschrank bald Andachtsbücher, die speziell für Mütter geschrieben waren. Die kurzen Texte hatte ich in zehn Minuten gelesen – manchmal buchstäblich bevor mir vor Müdigkeit die Augen zufielen. Zu meiner Überraschung nutzte Gott diese kurzen Impulse aber, um mich in den anstrengenden ersten Monaten und Jahren mit kleinen Kindern geistlich „über Wasser zu halten". Gott sprach in meinen ganz normalen, eher unauffälligen und manchmal auch unschönen Alltag als Mutter hinein, um mich zu prägen, zu verändern und mir Dinge über sich und meine Familie zu zeigen.

Ich wünsche dir, dass du als Mama diese Zeit für Gott und dich ebenfalls findest. Vielleicht nicht jeden Tag, aber immer wieder. Die Impulse, Gebete und Texte zum Weiterlesen aus diesem Buch sind eine Einladung dazu und keine To-do-Liste, die abgearbeitet werden soll. Vielleicht begleitet dich ein Gedanke daraus für einige Zeit, oder eine Aussage fordert dich heraus, einen Bereich deines Lebens zu verändern. Vielleicht kommst du mit Gott über das ins Gespräch, was dich angesprochen hat und du erlebst seine Gegenwart und sein Eingreifen. Und wenn du beim Lesen vor Erschöpfung einschläfst, dann wünsche ich dir im wahrsten Sinne des Wortes einen gesegneten Schlaf!

Mich selbst haben die Texte dieses Buches vom Sommer 2018 bis zum Sommer 2019 über ein Jahr hinweg beim Schreiben begleitet. Gedanklich entstanden sind manche von ihnen schon viel früher, und so lernst du mich und meine Familie über einen längeren Zeitraum kennen. Viele „Lektionen", die ich dabei gelernt habe, buchstabiere ich nach wie vor durch oder es tauchen neue Familienbaustellen auf. Ich merke immer wieder: Mama zu sein, ist ein herausfordernder Job! Wie gut, dass Gott uns darin nicht alleine lässt und dass unsere Partner und Kinder wundersamerweise irgendwie immer noch finden, dass wir vieles ganz gut machen …

Ich wünsche dir für die wunderschöne, nervenaufreibende, anstrengende und gleichzeitig unbezahlbare Aufgabe als Mama von kleinen Kindern viel Kraft, Momente, die dich ausfüllen und total glücklich machen – viel Gelassenheit und immer wieder eine gesunde Portion Humor ☺.

Sei mit deiner Familie von ganzem Herzen gesegnet, bewahrt und behütet!

Deine Hanna Willhelm

1. Urlaubszeit

Für alles gibt es eine Stunde, und Zeit gibt es für jedes Vorhaben unter dem Himmel. Prediger 3,1; ZB

Urlaube mit Kindern, besonders mit kleinen Kindern, sind gewöhnungsbedürftig. Denn im Gegensatz zu unseren Wünschen werden in ihrer Gegenwart romantische Abende mit dem Partner in einer warmen Sommernacht oder ausgedehnte Wanderungen in der stillen, eindrucksvollen Bergwelt schier unmöglich. Stattdessen stehen Planschen an kindersicheren Badestellen, kleine Spaziergänge in der näheren Umgebung und die Suche nach Abenteuerspielplätzen auf dem Programm. *All inclusive* ist dabei nur das Quengeln nach Eis oder das Schlichten von Geschwisterstreit, weil die Kinder es nicht gewohnt sind, den ganzen Tag aufeinander zu hocken.

Das kann frustrieren – oder eine Gelegenheit sein, um gelassen „Ja" zu den Begrenzungen der Kleinkindjahre zu sagen. Das wurde mir an einem Abend während unseres Sommerurlaubs in der Schweiz klar. Die Kinder hatten einen schönen Tag gehabt, auch wenn er für uns Erwachsene eher unspektakulär, fast schon langweilig war. Aber ihnen hatte es Spaß gemacht, mit Papa im Garten des Ferienhauses Fußball-WM zu spielen oder am Fluss die schwersten Kieselsteine mit einem möglichst großen Platsch ins Wasser zu werfen.

Mir wurde bewusst: Ein Urlaub in dieser Lebensphase bedeutet vor allem, gemeinsam als Familie Zeit zu verbringen und zu genießen.

Wann, wenn nicht in den schönsten Wochen des Jahres, haben wir die Möglichkeit, den Kindern besondere Aufmerksamkeit und Zuwendung zu schenken? Umgekehrt können wir als Erwachsene unsere Kinder und ihr Kindsein ganz besonders genießen: der Zweijährige, der den Badestrand als Sandkasten bezeichnet und noch zu verstehen versucht, was das ganze Konzept „Urlaub" überhaupt bedeutet. Oder der Große, der bei einer Wanderung wider Erwarten ohne Murren mitläuft und vom kühlen Wasser einer Bergquelle so begeistert ist, dass er dafür sogar auf das versprochene Eis verzichten würde. Das bedeutet nicht, dass Eltern sich im Urlaub nicht Freiräume schaffen können. Viele Ferienressorts bieten Kinderbetreuung an, und auch ohne diese kann man sich gegenseitig kleine Inseln für eine Auszeit schaffen: Da geht der Papa an einem Nachmittag mal alleine baden oder die Mama darf sich für zwei Stunden ganz ungestört zum Lesen zurückziehen.

Toll ist es auch, wenn man den Urlaub zusammen mit einer befreundeten Familie verbringt oder Großeltern oder Paten für eine bestimmte Zeit dazustoßen. Dann klappt es vielleicht sogar mit dem romantischen Abend am See oder der Bergtour. Und jeder aus der Familie profitiert von der Gemeinschaft mit den anderen Erwachsenen und Kindern.

Trotzdem: Ein Urlaub mit Kindern wird wohl immer ein Mix aus anstrengend und schön bleiben. Der Bibeltext aus dem Buch Prediger ist eine gute Erinnerung dafür, jede Zeit bewusst anzunehmen und falsche Erwartungen loszulassen. Mir hilft es jedenfalls, in den anstrengenden Momenten daran zu denken, dass auch wieder andere Zeiten kommen. Es werden wieder Urlaube kommen, in denen ich mehr Rückzugsmöglichkeiten für mich selbst habe oder wir als Paar gemeinsam ausspannen können.

Alles hat seine Zeit: Ferien mit Kindern und ein Wellnesswochenende mit allem Drum und Dran. Urlaub auf dem Bauernhof oder eine zweite Hochzeitsreise zum gemeinsamen Traumziel. Es ist herausfordernd, sich auf diese Wahrheit täglich neu einzulassen – egal ob im Urlaub oder zu Hause. Aber ich glaube, dass es sich lohnt, weil wir nur so unser Leben als Eltern als etwas Ganzheitliches empfinden können, das nicht nur von Mangel und Anstrengung bestimmt wird, sondern auch von Schönem und Einzigartigem.

Zum Weiterlesen:
Prediger 3,1-15

Gebet:
„Vater im Himmel, du siehst, wie sehr ich mich auf den Urlaub freue und wie sehr ich es nötig habe, mich auszuruhen. Mache uns bewusst, wo wir falsche Vorstellungen und unrealistische Erwartungen an die Urlaubszeit haben, und hilf uns, diese loszulassen. Segne du die Ferien mit unseren Kindern, sodass wir als Familie zusammenwachsen können und jeder von uns mit schönen Erinnerungen im Gepäck wieder nach Hause fährt. Amen.“

Tagesimpuls:
- „Alles hat seine Zeit“ – gibt es noch andere Bereiche in deinem Leben, in denen du spürst, dass du Dinge, Menschen oder Aufgaben loslassen musst, weil jetzt nicht die Zeit für sie ist?
- Und umgekehrt: Welche Erfahrungen der Kleinkindphase machen dich glücklich, geben dir Kraft, würdest du nie missen wollen? Es lohnt sich, auch darauf einen Blick zu werfen.

2. Schlaflose Nächte

Denn auch der Menschensohn ist nicht gekommen, um sich bedienen zu lassen. Er kam, um zu dienen und sein Leben als Lösegeld hinzugeben, damit viele Menschen aus der Gewalt des Bösen befreit werden.
Markus 10,45; HfA

Unser Ältester war von Anfang an ein Traumkind, was den Nachtschlaf anging: Er fing als Neugeborener mit einem drei- bis vierstündigen Rhythmus an und schlief, abgesehen von einigen unruhigeren Phasen, bald durch. Ganz anders unser Zweiter. Alle anderthalb bis zwei Stunden wurde er wach und schlief auch dazwischen nur mit engem Körperkontakt. Ich erinnere mich an eine Nacht bald nach seiner Geburt, in der wir beide erst um drei Uhr früh endlich zur Ruhe fanden.

Als ich die Hebamme beim nächsten Besuch verzweifelt fragte, wie lange denn diese extreme Phase dauern würde, meinte sie: „Ungefähr sechs Wochen.“

Na gut, dachte ich, *sechs Wochen halte ich das durch.*

Doch aus den sechs Wochen wurden sechs Monate und schließlich ein Jahr und der Schlafrhythmus unseres Kleinen wurde nur wenig besser. Es gab zwischendurch zwar auch hin und wieder ein paar Nächte, in denen er mehrere Stunden am Stück schlief, aber sie blieben die Ausnahme und waren oft wie ein Rettungsanker, wenn ich gar nicht mehr konnte.

Ich war in dieser Zeit ständig übermüdet, oft gereizt und verstand Gott nicht mehr. Warum erhörte er mein Gebet um einen besseren Schlafrhythmus nicht? Er sah doch, dass diese Situation für uns als Familie belastend war und mein Großer häufig unter meiner Erschöpfung zu leiden hatte.

Innerlich handelte ich fast mit Gott nach dem Motto: Ich habe mich bereiterklärt, dieses Kind anzunehmen und aufzuziehen, jetzt hilf mir bitte doch, dass es nicht ganz so schwer wird. Ich bat Gott jetzt schon so lange und regelmäßig um mehr Schlaf – hatte er denn nicht versprochen, ausdauernde Gebete zu erhören?

Irgendwann kapitulierte ich aber und war bereit, auf die leise, innere Stimme zu hören, die mir schon länger sagte, dass Gott mein Gebet nicht so erhören würde, wie ich es mir wünschte. Es war, als würde Gott mich fragen, ob ich bereit wäre, in meinem „Job" als Mutter auch Opfer zu bringen, zu dienen.

Ja, er hatte mir dieses Kind anvertraut, aber er hatte mir nie ein Versprechen gegeben, dass es leicht werden würde. Außerdem: Warum sollte mir der Nachtschlaf quasi in den Schoß fallen, wenn andere Eltern beispielsweise durch eine Behinderung ihres Kindes vor ganz anderen Herausforderungen standen?

Ich merkte, Gott will ein Ja von mir zu dieser Situation. Ein Ja zu der Tatsache, dass das Elternsein auch bedeutet, dass ich aus Liebe zu meinem Kind auf Dinge verzichte, die mir sehr wichtig sind.

Jesus selbst hat uns diese Art von Dienst vorgelebt. Er sagt ausdrücklich, dass er von uns Menschen nicht bedient werden will, sondern dass er uns dienen will. Und er fordert seine Nachfolger dazu auf, sich ebenso zu verhalten. Meistens verbinden wir mit dieser Aufforderung in unserer Vorstellung große, bedeutende Dienste, vielleicht sogar ein Opfer, das wir für Not leidende Menschen bringen. Das ist nicht falsch. Aber weil Gott ein Gott ist, der auch auf die kleinen Dinge achtet, gehören scheinbar banale Dinge wie verlorener Nachtschlaf durch einen Säugling ebenfalls dazu.

Unser Jüngster schläft übrigens auch jetzt mit knapp zweieinhalb Jahren immer noch nicht durch. Mittlerweile weiß ich, dass es vielen Eltern genauso geht und dass ein Kleinkind, das problemlos durchschläft, ein Geschenk, aber nicht der Regelfall ist. Ich habe gelernt, Ja zu dieser Tatsache zu sagen, und bin froh, dass ich dadurch die kurzen Nächte gelassener hinnehmen kann. Jesus hat sein Recht auf ein bequemes Leben im Himmel für uns aufgegeben, da möchte ich für meine Kinder auch bereit sein, nicht an meinem vermeintlichen Recht auf Schlaf oder anderen Annehmlichkeiten festzuhalten.

Zum Weiterlesen:
Markus 10, 35-45 oder Philipper 2,1-11

Gebet:
„Vater im Himmel, danke, dass du meine Müdigkeit siehst und mich deshalb nicht verurteilst. Hilf mir bitte, diese besondere Situation als Mutter von einem Kleinkind anzunehmen, ohne daran zu verzweifeln, zu verbittern oder ständig zu klagen. Danke, dass es für dich etwas zählt, wenn ich jede Nacht zwei- oder dreimal aufstehe, um nach meinem Kind zu schauen. Gib mir deine Kraft für diese spezielle Art von *Dienst* an dem kleinen Geschöpf, das du mir anvertraut hast. Schenke mir bitte immer wieder Nächte, in denen ich mich erholen und gut schlafen kann. Amen."

- Wo fällt es dir besonders schwer, um deiner Kinder willen auf etwas zu verzichten?
- Würde es die Situation verändern oder leichter machen, wenn du deinen Verzicht als einen Dienst ansehen könntest, den Gott wahrnimmt und wertschätzt?

3. Ängste einer Mutter

Hütet euch davor, auf ein einziges dieser Kinder herabzusehen. Denn ich sage euch, dass ihre Engel im Himmel meinem himmlischen Vater stets besonders nahe sind. Matthäus 10,10-11; NLB

Ich habe eine blühende Fantasie und das ist nicht immer von Vorteil, wenn man Kinder hat. Vor allem abends, kurz vor dem Einschlafen, passiert es mir immer wieder, dass sich vor meinem inneren Auge irgendwelche Schreckensszenarien abspielen: Mein Kind ertrinkt in einem reißenden Fluss. Mein Kind stürzt einen steinigen Abhang hinunter. Mein Kind wird von einem Auto angefahren. Und vielleicht die schlimmste Vorstellung von allen: Mein Kind gerät in die Hände böser, gewissenloser Menschen.

Kinder sind in vielen gefährlichen Situationen hilflos oder arglos und verstehen nicht, warum etwas gefährlich ist oder was mit ihnen passieren könnte. Gleichzeitig haben sie ein großes Bedürfnis nach Schutz und Geborgenheit, das wir als Eltern gerne stillen. Gerade deswegen sind solche Szenarien für uns Erwachsene Horrorvorstellungen. Wir wissen, was den Kleinen passieren kann, und können sie doch nicht vor allem und zu jeder Zeit beschützen.

Vielleicht magst du einwenden, dass es relativ unwahrscheinlich ist, dass gerade meinem Kind so etwas Schreckliches zustößt. Das stimmt. Es stimmt auch, dass wir als Mütter und Väter für den Schutz unserer Kinder beten und sie Gott anvertrauen können. Jesu Aussage, dass Kinder einen Engel haben und dieser Gott besonders nahesteht, ist ungeheuer tröstlich.

Wie viele Eltern können eine Geschichte davon erzählen, in der wohl genau dieser Engel in Aktion getreten ist und ihr Kind vor Schlimmerem bewahrt hat (auch wenn wir den Part des Engels darin meistens nicht sehen und vielleicht auch Schwierigkeiten haben, an ihn zu glauben). Wir sprechen dann gerne von einem Wunder. Aber es gibt eben auch immer wieder die Geschichten, die kein Happy End haben, in denen ein Wunder ausbleibt.

Ich weiß und glaube, dass Gott meine Söhne bewahren will und bewahren kann. Aber ich weiß auch, dass das keine Garantie dafür ist, dass ihnen nie etwas zustoßen wird. Diese Spannung und Ungewissheit auszuhalten, fällt mir nicht leicht. Drei Gedanken helfen mir dabei, trotzdem immer wieder Vertrauen in Gottes Liebe und Fürsorge einzuüben:

1. Ich selbst kann meinen Kindern keine hundertprozentige Sicherheit bieten. Das steht nicht in meiner Macht und würde meine Kinder auf Dauer auch auf ungesunde Art und Weise einschränken. Das Sprichwort: „Angst ist ein schlechter Ratgeber", gilt auch in Bezug auf die Kindererziehung.
2. Gott erspart uns nicht alles Leid, aber er lässt uns darin nicht allein. Eine Bekannte von mir hat ihr Kleinkind durch den plötzlichen Kindstod verloren. Sie sagte mir, dass das Wissen darum, dass Gott selbst seinen Sohn am Kreuz verloren hat und ihren Schmerz deswegen nachvollziehen kann, für sie in dieser schweren Zeit ein großer Trost war.
3. Gott lässt vielleicht zu, dass unsere Kinder leiden müssen, aber er lässt auch sie darin nicht alleine. Reinhard Schlitter, der Vater des 2010 entführten, missbrauchten und ermordeten Mirco, schreibt in seinem Buch: „Wir sind überzeugt: ‚Wo das Böse ist, ist auch das Gute nicht fern. Gott war bei Mirco, als er litt. Er

litt mit ihm, weil er es hasst, wenn Kindern etwas Schlimmes angetan wird. Ich bin mir sicher, Gott hat bitterlich geweint, als er Mirco gesehen hat. Ich hoffe und glaube, dass Gott Mirco in seinen letzten Minuten beigestanden hat, dass er seine Nähe spüren konnte. Ich glaube und hoffe, dass Mirco auf eine gewisse Weise beschützt und aus der Situation herausgenommen wurde. Doch wir können es nicht wissen."[1]

Es bleibt für mich herausfordernd, meine beiden Jungs Gottes Schutz anzuvertrauen, mich nicht in Angst und Sorgen um sie zu verlieren. Aber ebenso möchte ich mich an jedem Tag freuen und Gott dankbar sein, an dem ihnen nichts passiert ist, den wir frei und sorglos genießen konnten.

Zum Weiterlesen:
Matthäus 18,1-11

Gebet:
„Vater im Himmel, meine Kinder sind das Kostbarste, was ich habe. Die Vorstellung, dass ihnen etwas passieren könnte, ist furchtbar. Bitte bewahre und beschütze du sie beim Spielen, im Kindergarten, in der Schule, im Straßenverkehr. Hilf mir, meine Kinder, so gut ich es kann, für gefährliche Situationen sensibel und stark zu machen. Danke aber auch für die vielen Tage und Jahre, in denen wir schon sorglos und beschützt leben konnten! Amen."

- Ist dir bewusst, dass Kinder bei Gott einen sehr hohen Stellenwert haben?

- Was könnte dir dabei helfen, diese Tatsache in deinen Umgang mit ihnen, aber auch in deine Sorgen um sie einfließen zu lassen?

- Mircos Eltern haben sich zum Beispiel nach dem Unglück bewusst dafür entschieden, ihre beiden anderen Kinder nicht übermäßig zu behüten, sondern ihnen ein normales Leben in Freiheit zu ermöglichen. Darin sind sie für mich ein Vorbild geworden.

4. Ein Platz an der Sonne

Denn so spricht der allmächtige Herr, der Heilige Israels: „Durch Umkehr und Ruhe könntet ihr gerettet werden. Durch Stillsein und Vertrauen könntet ihr stark sein. Aber das wollt ihr nicht.“ Jesaja 30,15; NL

Kürzlich wachte ich morgens mit Spannungskopfschmerzen auf. Nachdem mein Mann den Ältesten in den Kindergarten gebracht hatte, rief ich deswegen meine Schwiegereltern an und bat sie, für eine Stunde auf den Kleinen aufzupassen. Vielleicht würde ein flotter Spaziergang dabei helfen, die schlimmsten Verspannungen zu lösen. Kurze Zeit später war ich unterwegs.

Es war einer der ersten wirklich warmen Frühlingstage, und ich genoss den Weg durch ein kleines Wäldchen in der Nähe. Ganz idyllisch war es leider nicht: Waldarbeiter zerkleinerten mit ihren Motorsägen die im Winter geschlagenen Bäume. Als ich schon fast am Ende meines Spaziergangs angekommen war, verstummten die Motorengeräusche jedoch plötzlich, und Stille kehrte ein.

Ich atmete tief durch, blieb stehen und beobachtete das Lichtspiel der Sonne im hellen, fast schon transzendenten Grün der Blätter. Dabei flog ein dicker Käfer in mein Blickfeld, brummte an mir vorbei und setzte sich dann mitten auf ein verwelktes, braunes Herbstblatt auf dem Boden. Da saß er und ließ sich die Sonne auf seinen schwarzen Panzer scheinen. Einfach so. Einem inneren Impuls folgend, setzte ich mich ebenfalls auf einen noch etwas feuchten Baumstamm in der Nähe, schloss die Augen und hielt mein Gesicht der warmen Frühlingssonne entgegen.

Das Bild von dem ruhenden Käfer taucht seitdem oft vor meinem inneren Auge auf. Was für ein Gegensatz zu meinem eigenen Leben, das oft so angefüllt ist mit Dingen, die erledigt werden müssen. Welcher Kontrast zu meinen eigenen, kurzen Ruhepausen, in denen das Gedankenkarussell nicht aufhört, sich weiterzudrehen. Wahrscheinlich verpasse ich dadurch so manches, was Gott mir in einer ruhigen Minute gerne sagen würde, und mache mir außerdem viele unnötige Sorgen. Vielleicht kommt auch mancher Kopfschmerz davon, dass ich mir um vieles wortwörtlich zu sehr einen Kopf mache. In einer Andacht zu dem obigen Bibelvers aus Jesaja las ich, dass es für uns Menschen schwieriger sein kann, abzuwarten, zu beten und Gott zu vertrauen, als eine Sache selbst in die Hand zu nehmen. Für den israelitischen Stamm Juda war das in der Situation, für die dieser Vers galt, der Fall: Statt sich selbst starke Verbündete gegen ihre Feinde zu organisieren, forderte Gott sie auf, zu ihm umzukehren, ihm zu vertrauen und ruhig zu bleiben.

Das ist auch ein guter Tipp für uns Mütter. Naturgemäß ist unser Alltag vollgepackt, und mehr oder weniger bewusst suchen wir uns alle möglichen *Verbündeten* im Kampf mit unseren Aufgaben: To-do-Listen, zeitiges Aufstehen, gute Organisation. Heraus kommt ein eng getakteter Tagesablauf, der wenig Raum für Ruhe oder gar fürs Abwarten lässt.

Nun hat Gott wahrscheinlich nichts gegen ein gutes Zeitmanagement. Er kennt die Herausforderungen, vor denen wir täglich stehen, genauso, wie er die gefährliche Situation der Israeliten kannte. Aber auch uns gilt seine Aufforderung, nicht blind, sorgenvoll oder gehetzt durchs Leben zu rennen, weil wir uns keine Zeit für ihn nehmen. Ich glaube dabei nicht, dass Gott von einer Mutter mit Kleinkind erwartet, dass sie sich stundenlang für ihn Zeit nimmt. Aber schon zehn oder fünfzehn Minuten in Gottes Gegenwart können manchmal mehr bewirken als alles Abstrampeln und Bemühen unsererseits.

Für mich ist es eine Herausforderung und manchmal auch eine Willensfrage, solche Zeiten mit Gott zu finden und zu gestalten. Doch ich habe die Erfahrung gemacht, dass ich eine ausgeglichenere Mutter und Partnerin bin, wenn ich meine Stärke nicht in Aktivismus und meinen Fähigkeiten suche, sondern wirklich bei Gott. Ich wünsche mir, dass der Käfer aus dem Wald mich immer wieder daran erinnert, einfach nur mal dazusitzen, ruhig zu werden und alles, was mich bewegt, an Gott abzugeben.

Zum Weiterlesen:
Jesaja 40,12-31

Gebet:
„Vater im Himmel, du siehst, was ich alles für heute geplant habe. Bitte hilf mir, meine Aufgaben zu erledigen. Aber hilf mir auch, ein paar Minuten mit dir zu verbringen, wenn es die Kinder und der Alltag zulassen. Schenke mir einen Platz in deiner Gegenwart, an dem ich hören kann, wie du zu mir redest. Danke, dass du meine Stärke sein willst und dass ich nicht alles aus meiner eigenen Kraft heraus leisten muss. Amen."

Tagesimpuls:
- Viele Menschen tanken Kraft in der Natur. Dort lassen sich unzählige Hinweise auf Gottes Schöpferkraft entdecken, mit der er dieses Universum lenkt und gestaltet. Wenn du heute draußen

etwas siehst, das dich begeistert oder zum Staunen bringt, dann nimm doch bewusst Folgendes für dich in Anspruch: Gott kümmert sich mit der gleichen Unermüdlichkeit und Weisheit um dich und dein Leben, wie er die blühende Tulpe, die Kräfte eines Sommergewitters, den herbstlich nebeligen Wald oder die tanzenden Schneeflocken erschaffen hat.

5. Für erschöpfte Königinnen

Du hast dich müde gemacht mit der Menge deiner Pläne.
Jesaja 47,13a; LUT

Ich sitze in meinem Sessel, den Tränen nahe. Meine Gedanken springen im Zickzack zwischen diesem Bibelvers, meiner Erschöpfung und meinen Plänen hin und her. Ich bin müde, und es kostet mich enorme Kraft, auch nur die kleinsten Entscheidungen zu treffen. Trotzdem schaffe ich es nicht, mein Tempo runterzufahren und vor Gott einfach mal ruhig zu werden.

Es gibt so viel zu tun: Der Jahresurlaub will geplant werden, ein Kindergeburtstag und die Entscheidung über das Wie meines beruflichen Wiedereinstiegs stehen an. Außerdem soll der Älteste für den Schwimmunterricht angemeldet werden, und ich muss mir noch überlegen, was ich in den nächsten Tagen kochen will. Ganz abgesehen von dem Raclette-Essen, das wir mit Freunden geplant hatten, und der Tatsache, dass ich eigentlich wieder mehr Sport machen möchte.

Der oben zitierte Vers steht ursprünglich in einem völlig anderen Zusammenhang als dem turbulenten Leben einer Mutter mit kleinen Kindern. Der Prophet Jesaja spricht in Gottes Auftrag die Metropole Babylon an, Hauptstadt der chaldäischen Großmacht, die die Israeliten unterdrückte. Gott vergleicht sie mit einer größenwahnsinnigen Königin und wirft ihr völlige Gefühlskälte anderen gegenüber vor.

Nachdem Gott ihr wegen dieses Verhaltens ihren Untergang angekündigt hatte, versucht sie nun panisch, sich mit Hilfe ihrer Ratgeber in Sicherheit zu bringen; was ihr, nebenbei gesagt, nicht gelingt. Eine ganz andere Situation also.

Trotzdem trifft dieser Satz aus der Bibel in mir immer wieder einen Nerv. Mein Leben ist nicht glamourös (auch wenn ich mir das manchmal wünsche) und ich unterdrücke hoffentlich niemanden (auch wenn meine Kinder manchmal meinen Frust zu spüren bekommen). Aber dass ich mich von allem, was ich mir vorgenommen habe und was es als Mama zu organisieren gibt, schier erschlagen und müde fühle, ist sehr real für mich. „Du hast dich müde gemacht mit der Menge deiner Pläne", das trifft immer wieder auf mich zu.

Von Mamas (und Papas) wird heute viel verlangt, und trotzdem sollen sie immer frisch, kompetent und unendlich belastbar sein. Statt hin und wieder realistische Abstriche an diesem Bild zu machen, versuchen viele von uns diesem Ideal zu entsprechen. Es spricht nichts dagegen, sein Bestes zu geben, aber mein Selbstwertgefühl als Frau sollte nicht von meinem Erfolg im Beruf oder als Familienmanagerin abhängen.

Die Autorin Birgit Sych spricht vielleicht bei mancher Mutter einen wunden Punkt an, wenn sie schreibt: „Ein problematischer Umgang mit der Zeit ist eine Frage des Lebensstils. Ehrgeizige, zielorientierte, anerkennungssüchtige Menschen geraten schnell in Zeitdruck, Hektik und wilde Betriebsamkeit."[2] Diese Ansicht hinterfragt die Betriebsamkeit unserer Leistungsgesellschaft, in der diejenige am meisten zu gelten scheint, die vieles nahezu gleichzeitig leisten kann.

Der Preis, den wir unter Umständen für diesen Lebensrhythmus bezahlen müssen, ist, dass wir über ein gesundes Maß für uns selbst und für andere hinausgehen. Vielleicht vergessen wir vor lauter Geschäftigkeit auch, dass es einen Größeren gibt, den wir um Hilfe bitten dürfen und der unser Leben in seiner Hand hält.

Ich habe immer wieder Tage, an denen mich meine To-do-Liste bereits am Morgen innerlich erschlägt. Immer wieder mache ich dann aber auch die Erfahrung, dass mir der Tagesablauf leichter von der Hand geht, wenn ich Gott nicht nur um Kraft für meine Aufgaben bitte, sondern gleichzeitig um die Bereitschaft, meinen Terminplan von ihm bestimmen zu lassen. Manchmal läuft dann wirklich alles wie am Schnürchen, manchmal aber auch nicht. Dann gilt es, nicht dem ursprünglichen Plan hinterher zu hetzen, sondern darauf zu vertrauen, dass Gott ein anderes Mal die Zeit für unerledigte Dinge schenken wird.

Er ist derjenige, der die Zeit in seinen Händen hält, nicht ich. Größenwahn – und sei er noch so klein – hat in der Geschichte noch niemandem gutgetan: einer königlichen Stadt wie Babylon nicht und mir in meinem kleinen, privaten Königreich ganz bestimmt auch nicht.

Zum Weiterlesen:
Matthäus 11,25-30

Gebet:
„Vater im Himmel, du kennst die vielen Sachen, die mir durch den Kopf gehen, und die vielen Dinge, die ich zu erledigen habe. Hilf mir, meine Pläne mit dir zu besprechen, zu erkennen, wo ungesunde Motive mich antreiben, und Prioritäten zu setzen. Ich wünsche mir, dass meine Kinder und mein Mann mich nicht nur als jemanden kennen, der gehetzt durchs Leben rennt, sondern der bei aller Arbeit erkannt hat, worauf es wirklich ankommt. Du schenkst mir Zeit für alles, was ich brauche und was wirklich notwendig ist. Amen."

- Jesus verspricht, dass wir bei ihm *Ruhe für unsere Seele* finden können. Für welchen Bereich deines umtriebigen Lebens wünschst du dir das momentan am meisten?
- Bete dafür, wenn du möchtest, und überlege dir, welche *dringende Erledigung* du getrost verschieben kannst, um einmal eine Viertelstunde in Ruhe auf dem Sofa oder der Terrasse zu sitzen.

6. Papa kann alles

Werft dieses Vertrauen auf den Herrn nicht weg, was immer auch geschieht, sondern denkt an die große Belohnung, die damit verbunden ist! Hebräer 10,35; NLB

Immer wieder staune ich darüber, wie selbstverständlich es für ein Kleinkind ist, dass wir Erwachsene alles, aber wirklich auch alles können. Es geht in seinem kindlichen Vertrauen einfach davon aus, dass kein Problem auftaucht, das seine Eltern nicht lösen, es keinen Kummer gibt, den seine Eltern nicht beseitigen können. Das kaputte Spielzeug wird vertrauensvoll der Mama hingehalten, und wenn sie es nicht reparieren kann, dann aber doch bestimmt der Papa!

Ich erinnere mich zum Beispiel an eine kaputte Jalousie, deren Elektrik an der Außenwand eines großen Gebäudes angebracht war. Die Kabel des Rollladens hingen lose und gut sichtbar an der Fassade herunter. Für meinen Zweijährigen war klar: „Papa (repa)rieren. Ich sage (es) Papa."

Oder die Baumwurzel, die quer über einen Spazierweg gewachsen war und die er nun mit aller Kraft aus dem Boden zu ziehen versuchte. Als ich ihm sagte, dass das zu schwer für ihn sei, schaute er mich an und äußerte ohne zu zögern: „Aber Papa kann das!" Als ich das zweifelnd verneinte, schaltete sich der Fünfjährige ein und meinte bestimmt: „Doch, Mama! Mit seiner Motorsäge schafft er das auf jeden Fall!"

Klar, dieses kindliche Vertrauen wird irgendwann erschüttert. Und irgendwann kommt eine Phase, in der unser Nachwuchs uns für eine Weile möglicherweise überhaupt nichts mehr zutraut. Aber für ein Kindergarten- und teilweise auch noch für ein Grundschulkind sind Mama und Papa die Helden seines Lebens. Ein schönes Gefühl, oder?

Ich wünschte mir, mein Vertrauen in Gott wäre ebenso stark und uneingeschränkt: Ich habe ein Problem? Gott kann das lösen! Ich weiß nicht mehr weiter? Gott wird mir Weisheit schenken! Ich fühle mich alleine und im Stich gelassen? Gott tröstet mich! Aber mein Glaubensalltag sieht anders aus. Das Leben ist schließlich kein kaputtes Spielzeug und Gott kein Zauberer, der für alles eine Lösung aus dem Hut zieht.

Als kritische Erwachsene, die das Leben vielleicht zu realistisch betrachten, haben wir uns dieses uneingeschränkte Vertrauen abgewöhnt. Trotzdem: Es gibt unzählige Verse in der Bibel, die uns dazu auffordern, Gott zu vertrauen. Er ist der Vater im Himmel, der uns als seine Kinder liebt und für uns sorgt. Wenn es etwas gibt, das Jesus seinen Zuhörern klarmachen wollte, dann genau das. Interessanterweise stellt er ihnen dabei in Sachen Vertrauen ein Kind als Vorbild hin. Sind wir *Großen* bereit, von diesem Vorbild zu lernen?

Das bedeutet nicht, dass wir unseren Verstand über Bord werfen oder naive, nicht durchdachte Entscheidungen treffen sollen. Aber wir sollen mit Gottes Handeln rechnen, selbst wenn wir menschlich gesehen keine Idee haben, wie das funktionieren könnte. Wer das versucht, erlebt Gottes Eingreifen in den großen und kleinen Herausforderungen seines Lebens.

Zum Weiterlesen:
Matthäus 6,25-34

Gebet:

„Vater im Himmel, du weißt, wie schwer es mir fällt, dir zu vertrauen. Oft denke ich noch nicht einmal daran, dich um Hilfe zu bitten. Selbst wenn ich es tue, bleiben Zweifel, ob du dich um die Angelegenheit kümmern wirst. Bitte stärke mein Vertrauen in dich. Lass mich von meinen Kindern lernen, was Glauben bedeutet. Danke, dass ich schon erlebt habe, dass du ganz praktisch Dinge in meinem Leben verändert und Probleme gelöst hast. Lass mich erfahren, dass es sich lohnt, in Schwierigkeiten mit dir zu rechnen. Amen."

Tagesimpuls:

- Was macht dir zurzeit am meisten Sorgen? Bitte Gott für eine Woche lang jeden Tag darum, sich um diese Sache zu kümmern. Sage ihm ehrlich die Bedenken und Zweifel, die du diesbezüglich hast, und bitte ihn um Vertrauen und Veränderung.
- Achte darauf, ob Gott dir Impulse gibt, wie er dieses Gebetsanliegen lösen möchte oder wie du besser damit umgehen kannst.

7. Mit Kindern beten lernen

Bittet, so wird euch gegeben; suchet, so werdet ihr finden; klopfet an, so wird euch aufgetan. Denn wer da bittet, der empfängt; und wer da sucht, der findet; und wer da anklopft, dem wird aufgetan.
Matthäus 7,7-8; LUT

Nachdem wir ein paar Tage bei meinen Eltern in Süddeutschland verbracht hatten, waren wir auf der Rückfahrt ins heimatliche Hessen. Als wir etwa die Hälfte der Strecke hinter uns hatten, signalisierte uns plötzlich ein Warnton, dass wir Kühlmittel nachfüllen müssen. Die Tankstelle, die wir daraufhin anfuhren, hatte allerdings nur destilliertes Wasser, was laut Handbuch als Notlösung aber okay war.

Schaden behoben und weiter ging die Fahrt, aber nur für etwa 30 Minuten. Dann blinkte das Signal wieder auf. Die Gebrauchsanweisung schrieb vor, dass man bei einem erneuten Aufleuchten nicht weiterfahren sollte, weil sonst die Gefahr eines Motorschadens bestehe. Dieses Mal stoppten wir deswegen an einer größeren Raststätte.

Während mein Mann sich auf die Suche nach dem Kühlmittel machte, saß ich mit den Kindern im Auto und machte mir meine Gedanken: Was würde passieren, wenn unsere Reparaturmaßnahmen auch dieses Mal nichts brachten? Bräuchten wir einen Abschleppwagen? Gute 200 km von zu Hause entfernt und mit einem Kind auf dem Rücksitz, das leichtes Fieber hatte und kein Fan von langen Autofahrten ist? *Bitte nicht, Herr!*, betete ich innerlich.

Dann kam mein Mann mit dem passenden Kühlmittel zurück. Nachdem er es eingefüllt hatte und wir vorschriftsmäßig fünf Minuten gewartet hatten, fuhren wir los. Zuvor hatten wir allerdings noch als ganze Familie für eine sichere Heimreise gebetet. Mit angehaltenem Atem legten wir Kilometer um Kilometer zurück.

Nach einer Weile sagte unser Fünfjähriger plötzlich laut und wie selbstverständlich: „Danke, Gott, dass der Schaden jetzt behoben ist." Mein Mann und ich waren uns da noch gar nicht so sicher und blickten uns nur zweifelnd an. Aber wir sind tatsächlich ohne weitere Zwischenfälle nach Hause gekommen.

Ich erlebe es im Alltag immer wieder, dass mein Kleinglaube mich davon abhält, gemeinsam mit den Kindern Gott ganz konkret um etwas zu bitten. Zu groß ist meine Sorge, was es mit ihrem Kinderglauben macht, wenn ihr Gebet nicht erhört wird. Auch abends beim Einschlafen tue ich mich schwer damit, mit den Kindern gemeinsam zu beten.

Was, wenn ihnen meine Worte ein falsches Gottesbild vermitteln? Verstehen sie überhaupt, um was es beim Beten geht? Sind die Worte, die ich wähle kindgerecht genug und andererseits auch von mir aus aufrichtig und ehrlich? Ein Dilemma, das jeder kennt, der nicht gerne laut vor und mit anderen betet.

Trotz dieser Zweifel und Unsicherheiten versuche ich regelmäßig mit meinen Kindern zu beten. Es ist mir wichtig, dass das Gespräch mit Gott etwas Vertrautes in ihrem Leben wird. Später werden sie selbst entscheiden, ob sie diese Verbindung aufrechterhalten wollen – aber sie wissen, dass es sie gibt.

Auch für mich ist dieser Prozess hilfreich: Gemeinsam mit den Kindern lerne ich Gott noch einmal auf eine neue Art und Weise kennen, und übe mich darin, ihm mehr zuzutrauen, als mein kleiner Verstand es oft tut. Gute, vorformulierte Kindergebete sind mir dabei eine Hilfe geworden. Denn zum einen merke ich, dass mein Sohn gerne Worte nachspricht, die er sich zu eigen machen kann.

Zum anderen geben diese Gebete auch mir eine Idee davon, wie man einfach und doch vertrauensvoll mit seinem Kind beten kann. Und zusätzlich üben wir zusammen auch das persönliche Gebet mit einfachen eigenen Worten ein.

Manchmal denke ich, dass Gott es bewusst und mit einem Schmunzeln so eingerichtet hat, dass die *großen, allwissenden Erwachsenen* durch ihre Kinder auf einmal ganz neu Glaubensdinge für sich entdecken und durchdenken müssen. Nicht umsonst stellt Jesus uns immer wieder Kinder als Vorbild hin (Matthäus 18,2-5).

Der verstorbene Pfarrer Jörg Zink schreibt passend dazu als abschließende Bemerkung zu seinen Gedanken zum Thema „Beten mit Kindern": „Wir brauchen ein ganzes Leben, um immer wieder irgendetwas [sic.] am christlichen Glauben zu begreifen, Stück um Stück, und niemand verlangt von uns, dass wir damit jemals ganz fertig werden. Das ist ein Trost nicht nur für unsere Kinder, sondern auch für ihre unvollkommenen Eltern."[3]

Zum Weiterlesen:
Matthäus 7,7-11

Gebet:
„Vater im Himmel, Beten ist und bleibt für mich ein Risiko des Vertrauens, weil ich nie genau weiß, wie du meine Gebete erhören wirst. Das macht es mir nicht leicht, mit meinen Kindern zu beten. Hilf mir und meinen Kindern zu lernen, dass du vertrauenswürdig bist, auch wenn wir nicht immer verstehen, wie du handelst. Danke für die Begebenheiten, in denen wir als Familie schon erlebt haben, dass

du unser gemeinsames Gebet erhört hast. Das ist eine schöne Erfahrung! Amen."

Tagesimpuls:

- Was hindert dich daran, allein oder mit deinen Kindern zu beten? Wenn du magst, dann sprich mit Gott über diese Hindernisse und bitte ihn um Hilfe.
- Wenn du es gar nicht gewohnt bist zu beten, kannst du mit ganz schlichten Worten Gott sagen, was dich bewegt. Auch vorformulierte Gebete wie das *Vaterunser* (zu finden in Matthäus 6,9-13), die Psalmen (zum Beispiel Psalm 23) oder die in Kirchengesangs und Liederbüchern abgedruckten Gebete können eine Hilfe für den Anfang sein. Im Buchhandel findest du außerdem oft schön gestaltete Bücher mit Kindergebeten.

8. Kinderglaube –
nicht klein, sondern oho

Aber Jesus sagte: Lasst die Kinder zu mir kommen. Haltet sie nicht zurück! Denn das Himmelreich gehört ihnen. Matthäus 19,14; NLB

Welche Pläne hast du für deine Kinder? Die meisten von uns wünschen sich, dass sie gesund aufwachsen, fröhliche und selbstständige junge Erwachsene werden, die ihren Weg ins Leben finden und später selbst einmal eine Familie gründen. Das sind gute und berechtigte Wünsche, und ich glaube, als Eltern sollten wir alles tun, um die besten Voraussetzungen dafür zu schaffen, dass sie wahr werden können (bei der Frage nach Berufs- und Partnerwahl sollten wir uns allerdings etwas zurückhalten …). Aber ich glaube auch, dass wir uns damit nicht begnügen sollten. Zumindest dann nicht, wenn wir als Eltern unseren Kindern die zentralen Aussagen des christlichen Glaubens weitergeben und sie ermutigen wollen, Jesus nachzufolgen.

Jesus spricht immer wieder vom *Himmelreich.* Was sich sehr abstrakt oder sogar beängstigend aufs Jenseits bezogen anhört, ist im Grunde sehr praktisch und betrifft zuerst das Leben im Hier und Jetzt. Das Himmelreich beginnt immer da, wo ein Mensch in einer engen Beziehung zu Gott und nach Gottes Maßstäben lebt. Das wiederum hat Auswirkungen auf das Umfeld dieses Menschen, in dem etwas von diesem guten Reich sichtbar werden sollte.

Jesus spricht hier sehr deutlich davon, dass dieses Himmelreich den Kindern gehört. Ich habe mich immer wieder gefragt, was genau Jesus damit meint: Warum haben Kinder diesen speziellen Zugang zu Gott und zu seiner Welt? Geht es Jesus um das bedingungslose Vertrauen, das Kinder in das Leben und in Gott haben? Spielt er damit darauf an, dass Kinder oft intuitiv nach Gott fragen und nach dem, was richtig und falsch, gut und böse ist? Ich weiß es nicht genau. Wahrscheinlich ist es eine Mischung aus all diesen Gründen.

Weiter sagt Jesus, dass wir die Kinder nicht zurückhalten, sondern sie zu ihm kommen lassen sollen. In der konkreten Situation, in der Jesus das sagt, war das wortwörtlich gemeint: Die Jünger wollten ihren Meister vor den nervigen Kids abschirmen, was Jesus aber gar nicht recht war. Für uns heute bedeutet seine Aufforderung vielleicht, dass wir unsere Kinder in ihren Fragen nach Glauben, Gott und Jesus ernst nehmen und es ihnen ermöglichen, eine eigene Beziehung zu diesem Gott aufzubauen.

Ich muss gestehen, ich ertappe mich immer wieder dabei, dass ich von diesem Kinderglauben als etwas sehr Vorläufigem denke, etwas, das wie das Kind selbst noch wachsen muss. Das stimmt einerseits, aber andererseits täusche ich mich darin auch gewaltig. Folgende Geschichten zeigen, warum Jesus dem kindlichen Vertrauen zum himmlischen Vater und ihrer Bereitschaft, nach Gottes Willen zu leben, einiges zutraut:

Da ist der Junge, der Jesus sein Essen zur Verfügung stellt, so dass Jesus eine große Anzahl hungriger Erwachsener satt machen kann (Johannes 6,1-13).

Da ist der kleine Samuel, der wegen eines Versprechens seiner Mutter schon sehr früh im damaligen jüdischen Heiligtum lebt, um dem alternden Priester Eli zu helfen und den Gottesdienstkult kennenzulernen. Gott sucht sich ihn aus und nicht die erwachsenen Söhne Elis, um eine durchaus nicht leichte Botschaft an den Diener Gottes weiterzugeben (1.Samuel 1-3).

Da ist die biblische Geschichte von dem namenlosen, kleinen, jüdischen Mädchen, das unfassbarerweise an seinem Vertrauen zu Gott festhält, obwohl es von syrischen Soldaten verschleppt und Sklavin im Haushalt eines syrischen Offiziers wird. Als sein *Herr* unheilbar krank ist, gibt es ihm den Tipp, nach Israel zum Propheten Elisa zu fahren, weil der durch Gottes Hilfe Kranke gesund machen kann (2. Könige 5, 1-18).

Da ist der Hirtenjunge David, der vermutlich im Teeniealter den Kampf mit dem sprichwörtlich gewordenen Goliath aufnimmt, vor dem selbst gestandene Männer eine Heidenangst haben (1. Samuel 17).

Da ist die neunzehnjährige Katie Davis, die 2007 für ein soziales Jahr nach Uganda geht, um schließlich dort zu bleiben[4]. Die Armut der vielen Kinder und eine große Liebe zu dem afrikanischen Land bringen sie dazu, eine Hilfsorganisation für vernachlässigte Kinder zu gründen und selbst 13 Mädchen zu adoptieren – im Alter von 19 Jahren. Natürlich ist sie kein Kind mehr, sondern eine junge Frau. Trotzdem scheint eine solche Aufgabe für jemanden ihres Alters viel zu groß: was, wenn ihr etwas zustößt, wenn sie krank wird? Wie soll sie das Geld für all die Kinder auftreiben? Ist es nicht eine völlige Überforderung, in ihrem Alter selbst für 13 Kinder eine Mutter zu sein?

Wahrscheinlich haben Katies Eltern sich all diese Sorgen gemacht. Auch Katie selbst empfindet manchmal die schiere Unmöglichkeit ihrer besonderen Berufung, aber sie weiß auch, dass Gott sie an diesen Platz gestellt hat. Katies Liebe für Gott und seine Liebe zu den Kindern sind die Motivation für ihre Arbeit, bei der sie sich gleichzeitig voll und ganz auf diesen Gott verlassen muss.

Nicht jedes unserer Kinder wird eine zweite Mutter Theresa oder ein großer Theologe werden. Aber wenn wir ihnen eine Liebe zu Gott und zu den Menschen ins Herz legen, dann sollten wir uns nicht wundern, wenn sie selbst anfangen, Gott und die Menschen zu lieben. Darf es dann auch ein klein wenig radikaler sein, als wir uns das vorgestellt haben?

Vielleicht müssen wir sie später als Entwicklungshelfer oder Missionar in ein fremdes Land ziehen lassen, vielleicht in eine soziale, politische oder gesellschaftliche Arbeit, die wir uns so für sie nicht vorgestellt haben. Vielleicht leben sie aber auch ein ganz normales Leben, wie wir es uns für sie gewünscht haben, und versuchen dort mit und für Gott zu leben. So oder so ist der Glaube unserer Kinder etwas Wertvolles für Gott und Teil seines großen Plans mit ihrem Leben.

Zum Weiterlesen:
Matthäus 19,13-15

Gebet:
„Vater im Himmel, du siehst die Pläne, die ich für mein Kind habe und wie sehr ich ihm ein sicheres und bewahrtes Leben wünsche. Nicht immer werden die äußeren Umstände oder die Berufung, die du für mein Kind hast, das für alle Zukunft garantieren. Bitte hilf mir, ihm ein festes Vertrauen in deine große Liebe, Kraft und Weisheit zu vermitteln. Lass meinen Sohn oder meine Tochter den Weg und die Aufgabe entdecken, die du für ihn oder sie geplant hast. Danke, dass du den Glauben der Kinder ernst nimmst und ihnen genauso begegnen und sie begleiten willst wie uns Erwachsenen. Amen.“

Tagesimpuls:
- Katie Davis schreibt: „Ich bin jung und manchmal müde und völlig unfähig zu verstehen, warum Gott mich mit diesem Plan für mein Leben geehrt hat. Aber ich bin beauftragt, berufen, die

Geschichte unseres Erlösers weiterzutragen, sein Licht in einer dunklen, kaputten Welt scheinen zu lassen. Auch Sie sind berufen. Sein Leben, seine Kraft und seine Gnade werden kein Ende haben, bis er wiederkommt, wie frischer Regen auf ein ausgedörrtes Land. Voller Hoffnung warten wir auf ihn."[5]

- Siehst du Möglichkeiten, wo du und deine Familie im Großen oder Kleinen ebenfalls an Gottes gutem Plan für diese Welt mitwirken können?

9. Erntedank feiern — am besten jeden Tag

Schmecket und sehet, wie freundlich der Herr ist. Wohl dem, der auf ihn trauet! Psalm 34,9; LUT

Unsere Kinder gehen in einen evangelischen Kindergarten, in dem auch die Feste des Kirchenjahres gefeiert werden. Im Herbst helfen die Kleinen zusammen mit den Erzieherinnen und Erziehern dabei, den Altar der Kirche für das Erntedankfest zu schmücken. Dafür bringen die Kinder je nach Möglichkeit Erntedankgaben mit, die dann in einen Leiterwagen gepackt und zur Kirche gebracht werden. Mir ist es wichtig, dass meine Söhne verstehen, woher unsere Lebensmittel kommen und welch ein Geschenk es ist, dass wir so viele und so reichlich davon haben. Aus diesem Grund hatte ich zugesagt, ein Körbchen mit Äpfeln, Birnen, Nüssen und Schokolade (die gehört für mich auch dazu!) vorzubereiten.

Als es dann aber so weit war, empfand ich meine Zusage als Last. Der Kleine war mal wieder krank, unsere Katze lag im Sterben, und ich fühlte mich müde und überfordert. Und so nahm ich ein Bad in Selbstmitleid, während ich in der Küche saß und einen kleinen Korb mit herbstlich bemalten Servietten auslegte, damit ich das Obst darin arrangieren konnte. Da fiel mein Blick zufällig aus dem Fenster, und mit einem Schlag waren meine trüben Gedanken wie weggewischt: Ein blauer Herbsthimmel wölbte sich über wunderschön gefärbten

Laubbäumen, und die Sonne schien mitten in diese Pracht hinein. Seltsam, ich war doch vorher schon draußen gewesen, aber da hatte ich diese Schönheit nicht wahrgenommen. Hatte mich meine Gefühlslage dafür blind gemacht?

„Loben zieht nach oben und Danken schützt vor Wanken" – in diesem alten frommen Sprichwort steckt viel Weisheit. Leider bin ich eine ziemliche Anfängerin, was die Umsetzung angeht. Oft habe ich schlicht keine Lust, mich dazu aufzuraffen, nach guten Dingen in meinem Leben zu suchen, wenn mir nach Klagen zumute ist. Ist es nicht gekünstelt, krampfhaft nach etwas zu suchen, für das ich dankbar sein kann? Andererseits weiß ich, dass es ganz objektiv gesehen tatsächlich viel Gutes in meinem Leben gibt, selbst wenn ich mich nicht so fühle: unser Zuhause, meine Familie, Freunde, die Sicherheit und den Reichtum unseres Landes, seine gute medizinische Versorgung, Supermärkte, die randvoll gefüllt sind, unser Auto. Oder ein wunderschöner Herbsttag, durch den Gott mir sagt, dass er mich nicht vergessen hat.

Veronika Smoor, Mutter von zwei Mädchen, beschreibt in ihrem Buch *Heiliger Alltag*, wie sie während eines Jahres ständig von Infekten geplagt wurde. Als es sie wieder einmal erwischt hatte, und sie in einem Meer aus schlechter Laune und Jammern zu versinken droht, wird sie aktiv: „Die einzige Medizin, die mir jetzt helfen kann, ist Dankbarkeit. Ich überwinde mich und verpasse meinem Selbstmitleid einen mentalen Tritt in den Allerwertesten. […] Ich beginne an diesem Morgen eine Dankbarkeitsliste zu schreiben. Ich muss es schwarz auf weiß sehen, dass solche Tage mehr sind als nur eine Ansammlung aus Selbstmitleid, Mühen und Plagen."[6]

Am Ende des Tages stehen auf dieser Liste so banale Dinge wie: Flanellbettwäsche, Kräutertee, unverhoffte Hilfe, ein gefüllter Kühlschrank, Kinderlachen, Nickerchen, Elektrolyte, Pesto, schöne Filme, ein hilfsbereiter Ehemann. Alles nichts Weltbewegendes, eher kleine Selbstverständlichkeiten, die dabei helfen, einen Krankheitstag angenehmer zu machen. Doch am Abend hat sich die Stimmung der Autorin verändert: „Mein Magen ist immer noch nicht in Ordnung, aber mein Herz ist es. Dort pocht es: danke, danke, danke."

Dankbarkeit soll nichts Aufgesetztes sein. Es gibt Zeiten, in denen müssen Gefühle wie Trauer, Angst oder Wut verarbeitet werden. Bei einer Mutter, die eine durchwachte Nacht hinter sich hat, fließen vielleicht zuerst Tränen der Erschöpfung, bevor ihr Blick frei werden kann für die guten Dinge im Leben.

Wie beim Erntedankfest geht es beim Danken mehr um die grundsätzliche Bereitschaft, das zu sehen, wofür man danken kann, und es dann zu tun. Es ist der Blickwinkel, der über meine Haltung entscheidet: Lasse ich mich im mühsamen Klein-Klein des Alltags von meinen Schwierigkeiten runterziehen und bleibe im Selbstmitleid stecken, oder möchte ich ein dankbarer Mensch sein?

Zum Weiterlesen:
Psalm 104

Gebet:
„Vater im Himmel, du beschenkst mich jeden Tag mit kleinen und großen Dingen. Bewahre mich davor, das als selbstverständlich hinzunehmen, und hilf mir, Dankbarkeit einzuüben. Wo ich mir selbst nur noch leidtue, da öffne mir die Augen für das Schöne und Gute in meinem Leben. Amen."

Tagesimpuls:

- Durch ein Gespräch in unserem Hauskreis angeregt, habe ich eine Zeit lang jeden Abend drei Dinge aufgeschrieben, für die ich im Blick auf den vergangenen Tag dankbar war. Vielleicht möchtest du das ebenfalls ausprobieren?

- Du kannst deine persönliche Dankesliste in ein hübsches Heft oder in dein Tagebuch schreiben, im Kalender notieren oder im Handy als Notiz abspeichern. Beobachte dabei, was diese Dankbarkeitsübung mit dir macht oder wie sie deine Wahrnehmung verändert.

10. Schlauer, schneller, schöner

Kinder sind ein Geschenk des Herrn, sie sind ein Lohn aus seiner Hand.
Psalm 127,3; NLB

Es ist die typische Krabbelgruppensituation: Die Mütter sitzen auf dem Boden, die Babys liegen auf ihrer Decke, und die Ein- bis Zweijährigen bewegen sich irgendwo im Raum herum. Während die Mamis ihren Nachwuchs von spitzen Tischkanten oder Blumentöpfen fernhalten, versuchen sie ein halbwegs vernünftiges Gespräch miteinander zu führen. Meistens geht es um Schlaf- und Essprobleme oder um die neusten Fortschritte der Kleinen.

Nun konnte unser Jüngster mit anderthalb Jahren schon ganz passabel reden und *malte* zusammen mit seinem großen Bruder auch schon recht ausdauernd auf einem Blatt Papier herum (der Ältere bezeichnete dessen Kunstwerke respektlos als „Krickelkrakel"). Meine Freude und mein Stolz über diese Fähigkeiten erhielten jedoch einen Dämpfer, als die Mutter eines anderen Jungen erzählte, dass ihr Sohn auch sehr gerne male und ich dazu noch feststellte, dass der um einen Monat jüngere eine klarere Aussprache hatte als mein Sohn.

Auch bei meinem Großen und bei mir kenne ich solche Vergleichssituationen: Beim Kindergeburtstag beobachte ich seine Kindergartenfreunde und überlege, ob mein Fünfjähriger genauso geschickt und mutig auf der Kletterspinne herumturnt wie sie.

Letztens bekam ich einen kleinen Schock, als ich spontan eine Freundin besuchte und ihr Haus betrat: Die Arbeitsflächen der Wohnküche waren sauber, die Sitzecke des Wohnzimmers vorbildlich aufgeräumt und alles geschmackvoll dekoriert – und das alles bei drei kleinen Mädels zwischen zwei und sechs Jahren! Auf *unserem* Esstisch stapeln sich meistens Briefe, irgendwelche Spielsachen und Malarbeiten der Kinder. Bei *meiner* Küche bin ich froh, dass sie ein eigenständiger Raum ist und man ihre Arbeitsflächen nur teilweise vom Wohnzimmer aus einsehen kann.

Eigentlich ist dieses ständige Vergleichen abwegig, denn keine von uns und keines von unseren Kindern wird immer mit anderen mithalten können. Das war von Gott nie geplant oder gar gewollt. Sonst hätte er uns so erschaffen, dass wir alle hinsichtlich unserer Begabungen, unseres Aussehens und unserer Anlagen einer bestimmten DIN-Norm entsprechen und unsere Kinder bei den Vorsorgeuntersuchungen auf dem gleichen Level sind, TÜV-Stempel inklusive.

Gott liebt jedoch den Reichtum seiner Schöpfung, das zeigt schon ein Blick in die Natur mit ihren zahlreichen Blumen- und Tierarten. Nur wir Erwachsenen wollen – bei aller gefeierten Individualität – immer gleich gut oder im Idealfall sogar ein bisschen besser abschneiden als alle anderen. Es fällt uns schwer zu akzeptieren, dass es Bereiche in unserem Leben oder im Leben unserer Kinder gibt, in denen wir trotz unseres Bemühens unter der *Norm* liegen (wer auch immer die festgelegt hat).

Hand aufs Herz: Wie sehr beruhigt es dich, wenn dein Kind bei den U-Untersuchungen ungefähr der 50-Prozent-Perzentile entspricht und motorisch oder sprachlich unauffällig ist? Wie sehr beunruhigt es dich, wenn in irgendeinem Bereich *Mängel* festgestellt werden?

Es ist ohne Frage gut, dass wir beim Kinderarzt feststellen können, ob unsere Kinder altersgerecht entwickelt sind. Es ist ebenfalls richtig, wenn wir sie in Bereichen, in denen sie sich schwertun, gezielt unterstützen. Aber wir dürfen uns dadurch nicht den Blick dafür nehmen lassen, dass jedes Kind ein einzigartiges Geschenk ist. Gott selbst hat dieses Geschenk im Zusammenspiel unserer Gene, den speziellen Anlagen unseres Kindes und den vielfältigen Umwelteinflüssen geschaffen. Er hat für jedes unserer Kinder einen einzigartigen Plan, den sie mit ihren Stärken und Schwächen ausfüllen können.

Aus diesem Grund sind ihm Kinder mit einer Behinderung oder einer körperlichen oder seelischen Einschränkung genauso lieb und wertvoll wie ein hochbegabtes Kind, dem gesellschaftlich alle Türen offen stehen. Und gemeinsam können wir uns ergänzen: Der spätere Elektriker muss sprachlich nicht so fit sein wie die zukünftige Lehrerin. Er muss schließlich Kindern nicht den Unterschied zwischen Akkusativ und Dativ erklären können, sondern Elektrokabel richtig verlegen und anschließen – und die sind bekanntlich nicht sehr gesprächig.

Ich wünsche mir, dass mich dieses Wissen gelassen und zuversichtlich macht, was den Umgang mit den Fähigkeiten und Begrenzungen meiner beiden Jungs angeht. Ich hoffe, dass ich ihnen so auf den Lebensweg mitgeben kann, was Kinder mehr brauchen als alle Förderung und Unterstützung – das Wissen, dass sie ein Geschenk Gottes sind, wertvoll und geliebt, unabhängig von ihrer Leistung, ihrem Aussehen oder ihrem Platz auf der Beliebtheitsskala. In unserer vom Vergleichen getriebenen Gesellschaft wird das ein hartes Stück Arbeit werden. Am besten fange ich gleich bei mir selbst damit an.

Zum Weiterlesen:
Psalm 139

Gebet:

„Vater im Himmel, es macht mir zu schaffen, wenn mein Kind Dinge nicht so gut kann wie seine Freunde oder wenn es irgendwie anders ist. Bitte hilf mir, mein Kind zu unterstützen, wo es in meiner Macht steht. Lass mich aber auch verstehen, dass du jeden von uns einzigartig gemacht hast und dass mein Kind nicht so sein muss wie alle anderen. Hilf mir, ihm zu zeigen, dass es wertvoll und einzigartig ist, weil du es gewollt hast, und öffne mir die Augen für seine Stärken. Amen."

Tagesimpuls:

- Versuche dich mit anderen an ihren Stärken und Begabungen zu freuen, wenn dir heute beim Vergleichen vermeintliche Mängel bei dir oder deinem Kind auffallen.
- Danke Gott für das, was du und dein Kind gut können, und dafür, dass er jeden von uns einzigartig gemacht hat.

11. Meinungsmacherin

Weise und Verständige aus dem Volk werden vielen den richtigen Weg zeigen. Daniel 11,33a; HfA

Wenn ich die Nachrichten über gesellschaftliche Prognosen und globale Entwicklungen höre, wird mir manchmal Angst und Bange: In was für eine Welt wachsen meine Kinder hinein? Kann ich sie beschützen? Was werden *ihre* Themen sein, die sie im Teeniealter beschäftigen? Wer wird ihre Greta Thunberg sein?

Während ich diesen Text schreibe, steht Deutschland vor der Aufgabe, die zugereisten Flüchtlinge zu integrieren. Das verunsichert viele, weil sich noch nicht absehen lässt, wie sich Deutschland in diesem Prozess verändern wird. Ein anderes großes Thema ist der Klimawandel und damit verbunden die Frage nach besseren sozialen Lebens- und Arbeitsbedingungen für Menschen in Dritte-Welt- und Schwellenländern.

Auch die schnellen und tiefgreifenden Veränderungen durch die Digitalisierung, die rasche Veränderung der Gesellschaft durch eine immer stärkere Vereinzelung und Individualisierung der Menschen oder die Gender-Problematik beschäftigen die Gemüter. Die Frage nach der Haltbarkeit unserer Demokratie steht im Raum, und als Christin frage ich mich, wie sich die öffentliche Wahrnehmung gegenüber dem Glauben oder den Werten, die mir wichtig sind, entwickeln wird.

Wenn du über all das in einem Andachtsbuch für Mütter gar nichts lesen willst, kann ich das gut verstehen. Unser Alltag ist voll genug, und einen weiteren Grund für ein schlechtes Gewissen oder zur Sorge brauchen wir nicht. Trotzdem glaube ich, dass wir uns mit diesen Themen zumindest ansatzweise beschäftigen müssen, denn wir prägen unsere Kinder mit der Einstellung, die wir gegenüber Flüchtlingen, Umweltproblemen, sozialen Spannungen, dem Islam, Wertefragen oder der Stellung der Religion in der Gesellschaft einnehmen. Da stellt sich ganz unweigerlich die Frage, wer mich prägt und was mein Denken beeinflusst: der gesellschaftliche Mainstream? Die Kirche, der ich angehöre? Bestimmte Medien? Menschen, die wahlweise alle Entwicklungen mit einer rosaroten Brille betrachten oder umgekehrt alles schwarzmalen?

Die Weisen und Verständigen, die in dem Bibeltext oben erwähnt werden, standen vor der Frage, wie sie mit einem großen gesellschaftlichen Umbruch in ihrem Land umgehen sollen. Die Art und Weise, wie sie sich entschieden haben, hat sie zu Außenseitern gemacht. Es hat ihnen aber auch geholfen, klarer zu sehen, wo andere verunsichert, gleichgültig oder voller Aggression und Hoffnungslosigkeit waren. Ich glaube, das haben sie nicht geschafft, weil sie besonders intelligent waren oder eine gewisse gesellschaftliche Position hatten. Sie haben ihren Weg in den Verwirrungen und Anspannungen ihrer Zeit deswegen gefunden, weil sie Gottes Nähe gesucht haben und sich von seinem Wort und von ihrer Beziehung zu ihm haben leiten lassen. Außerdem haben sie sich vermutlich mit anderen ausgetauscht, die sich ebenfalls weise, verantwortungsbewusst und vorausschauend verhalten haben.

Das macht mir Mut, denn ich möchte ebenfalls gerne weise sein und meinen Kindern einen guten Weg in dieses Leben zeigen. Wie diese Verständigen aus dem Alten Testament möchte ich mein Denken und mein Gewissen von Gott und von lebenserfahrenen, weisen Menschen – Christen wie Nichtchristen – prägen lassen. Das ist nicht immer leicht. Es kostet Kraft und immer wieder das Eingeständnis, dass ich anhand der ungeheuren Komplexität mancher Fragen längst nicht alles verstehe. Aber wenn wir unsere Kinder fit für ihr Leben als Erwachsene machen wollen, dann lohnt sich mit Sicherheit die Mühe (vgl. Daniel 12,3)!

Zum Weiterlesen:
Sprüche 3

Gebet:
„Vater im Himmel, es gibt viele Nachrichten, die mich beunruhigen oder mich ratlos zurücklassen. Hilf mir bitte, den Kopf nicht in den Sand zu stecken, zynisch zu werden oder zu resignieren. Bewahre mich vor dem Denken, selbst die Welt retten zu müssen – das ist dein Job. Aber hilf mir, so zu leben, wie du es im Blick auf gesellschaftliche und soziale Belange möchtest. Schenke mir Weisheit, damit ich politische Zusammenhänge erkennen und besonnen reagieren kann. Lass auch in meinen Kindern ein Gespür für Weisheit und Besonnenheit wachsen, sodass sie später ihre Welt mitgestalten können. Amen."

Tagesimpuls:
- Wenn du in Radio, Fernsehen, Internet oder Zeitung heute auf Nachrichten stößt, die dich beunruhigen oder ärgern, dann bete für die konkrete Situation oder den genannten Politiker. Bitte Gott um seine Weisheit und seinen Segen für alle Beteiligten.

12. Warum nicht nur Kinder Geduld lernen müssen

Ein Geduldiger ist besser als ein Starker und wer sich selbst beherrscht, besser als einer, der Städte einnimmt. Sprüche 16,32, LUT

Wenn mein Großer hungrig aus dem Kindergarten kommt, kann es ihm nicht schnell genug gehen, bis das Essen auf dem Tisch steht. Wehe, ich hantiere dann noch zu lange an Mikrowelle und Herd herum oder muss erst noch das Besteck auflegen. In gespielter Verzweiflung hebe ich dann manchmal die Hände und frage: „Kann ich zaubern?!"

Immer wieder versuche ich auch anhand des Bibelverses aus den Sprüchen zu erklären, warum er lernen soll, geduldig zu sein. Ich hoffe, dass es ihn schwer beeindruckt, dass Geduld noch wichtiger ist als Stärke. Als Fünfjähriger kann er schließlich kaum genug davon bekommen, den ultrastarken Superhelden zu spielen. Doch viel gefruchtet hat dieser Versuch leider bislang nicht ...

Bei mir selbst aber auch nicht. Ich fühlte mich ziemlich ertappt, als ich vor einiger Zeit in einer Familienzeitschrift sinngemäß folgende Aussage las: „Wir erwarten von unseren Kindern, dass sie lernen, geduldig zu sein, flippen aber selbst vor Ungeduld aus, wenn sie zu lange brauchen, um ihre Schuhe zu binden." Autsch, das saß!

Und in puncto Selbstbeherrschung sieht es nicht unbedingt besser aus. Da verlange ich von den Kids, dass sie vor dem Essen keine

Süßigkeiten futtern, weil es ungesund ist und den Appetit verdirbt. Aber mir selbst schiebe ich in einem unbeobachteten Moment ein Stück Schokolade in den Mund. Oder ich fordere sie dazu auf, sich bei einem Streit gegenseitig nicht so sehr anzuschreien und bin doch manchmal diejenige, die am lautesten schreit.

Wer sagt eigentlich, dass nur Kinder Werte wie Geduld und Selbstbeherrschung lernen sollen und müssen? Wie passt es zusammen, wenn ich mein Kind zur Geduld ermahne, selbst aber am laufenden Band herumnörgle, weil es nicht schnell genug ist? Zumal in solchen Situationen das Problem oft nicht beim Kind, sondern bei meinem eng getakteten Erwachsenenfahrplan liegt. Der lässt nämlich meistens keinen Raum für die tausend Warumfragen oder den ausdauernden Spieltrieb meines Sprösslings.

Ich will damit nicht sagen, dass Kinder es nicht lernen können, sich zu beeilen, zu warten oder sich selbst zurückzunehmen. Im Gegenteil ist es mir wichtig, dass sie diese Verhaltensweisen einüben. Sie lernen es aber eher, wenn sie uns dabei beobachten können. Und damit das passieren kann, muss uns Erwachsenen wieder neu bewusst werden, *warum* Gott einen so großen Wert auf Eigenschaften wie Geduld, Selbstbeherrschung, Treue oder Freundlichkeit legt.

Es geht nicht darum, dass die Kinder geduldig sind, weil sich das so gehört, oder weil es uns als Eltern das Leben angenehmer macht. Gott selbst verkörpert uns gegenüber diese Werte. Er ist geduldig mit uns, steht treu zu uns und begegnet uns freundlich. Und er möchte, dass wir uns anderen gegenüber auch so verhalten.

Stell dir doch mal vor, wie viel entspannter wir im alltäglichen Feierabendverkehr sein könnten, wenn alle Autofahrer – auch die mit den dicken Wagen – gelernt hätten, geduldig und rücksichtsvoll zu sein. In den Krisensituationen eines Lebens kann es von unschätzbarem Wert sein, wenn man nicht mit dem Kopf durch die Wand geht, sondern sich zu beherrschen weiß. Wer gelernt hat, in einer schwierigen Situation auf Gottes Eingreifen zu warten, erspart sich unter

Umständen viele Sorgen oder Taten, die er später bereut. All das wünsche ich meinen beiden Jungs für ihr späteres Leben – Grund genug, es immer wieder auch in meinem einzuüben.

Zum Weiterlesen:
Psalm 103, 8-13

Gebet:

„Vater im Himmel, Geduld ist nicht gerade meine Stärke und auch Selbstbeherrschung und Freundlichkeit sind manchmal Mangelware. Bitte vergib mir, wenn ich in der Vergangenheit dieses Verhalten von meinen Kindern eingefordert habe, ohne es vorzuleben. Hilf mir, sie auf gute Art und Weise dazu anzuleiten, nicht zu trödeln oder ungeduldig und unbeherrscht zu sein. Danke, dass du mit uns geduldig bist und uns jeden Morgen neu deine Gnade schenkst. Amen.“

Tagesimpuls:

- Die größte Herausforderung im Blick auf Selbstbeherrschung liegt heute vielleicht in unserem Medienkonsum und in den sozialen Netzwerken. Wie oft ertappe ich mich dabei, dem Kind nur mit halbem Ohr zuzuhören, weil ich gerade auf Facebook unterwegs bin. Das ist schade und den Kindern gegenüber unfair – mir sollen sie ja auch richtig zuhören, wenn ich ihnen etwas sage. Außerdem möchte ich nicht mit der Perspektive leben, dass wir uns in acht oder zehn Jahren beim Essen nichts mehr zu sagen haben, weil jeder in sein Smartphone starrt. Da hilft nur eins: Selbstdisziplin im Umgang mit Facebook, WhatsApp,

Instagram etc. einüben! Dafür ist folgender Rat von Mutter und Autorin Anne Löwen eine gute *Herausforderung*: „Wie schnell ist man dabei, mal eben zu checken, ob So-und-so schon geantwortet hat und ob das Treffen der Krabbelgruppe jetzt wirklich am Donnerstagvormittag stattfinden wird. […] In den meisten Fällen geht die Welt nicht davon unter, wenn du die Nachricht ein paar Stunden später liest. Vielleicht wäre es eine Möglichkeit, wenn du dir feste Zeiten dafür überlegst – zum Beispiel drei Mal am Tag zehn Minuten?"[7] In diesem Zeitraum kann man die (älteren) Kinder um eine kurze Sendepause ihrerseits bitten. Danach kommt das Handy außer Reichweite, und die Mama ist wieder ganz Ohr für ihren Nachwuchs.

13. Stimmungsmacherin

Genauso ist es mit unserer Zunge. So klein sie auch ist, so groß ist ihre Wirkung! Ein kleiner Funke setzt einen ganzen Wald in Brand.
Jakobus 3,5, HfA

Als meine Eltern einmal zu Besuch waren, wollten wir mit der Hilfe meines Vaters ein neues, stabiles Schuhregal für unseren Flur bauen. Ich hatte dazu schon alle notwendigen Bretter und zwei kleine Massivholzblöcke im Baumarkt besorgt. Mein Mann schien allerdings den Eindruck zu haben, dass noch Dinge fehlen, denn plötzlich lagen auf der Kellertreppe verschiedene Rundhölzer und Haltestifte für Einlegeböden. Da ich geplant hatte, die Bretter miteinander zu verschrauben, empfand ich seinen Einkauf als überflüssig. Dementsprechend grummelte ich vor mich hin, als ich die Sachen entdeckte.

Aus den Augenwinkeln nahm ich dabei wahr, wie unser damals Zweijähriger oben an der Treppe alles mithörte. Weil ich nicht möchte, dass meine Kinder mitbekommen, wenn ich schlecht über ihren Vater rede – was ich eigentlich ja grundsätzlich sowieso nicht möchte –, versuchte ich meine Wortwahl zu zügeln. Zu spät, wie sich in den nächsten zwei Wochen herausstellte. Fast jedes Mal, wenn ich mit meinem Sohn in den Keller ging, um Wäsche aufzuhängen oder Kartoffeln zu holen, zeigte er auf die Stifte und sagte: „Doof. Papa macht."

Mein Mann konnte glücklicherweise über den Vorfall schmunzeln. Trotzdem hat er mich neu daran erinnert, welche Auswirkungen unsere Worte haben können und wie wir gerade auch unsere Kinder damit prägen. Die Weisheitsliteratur im Alten Testament und auch verschiedene Texte im Neuen Testament warnen deswegen immer wieder davor, mit den eigenen Worten unbedacht umzugehen. Jakobus, ein neutestamentlicher Autor, widmet sogar das ganze dritte Kapitel seines Briefes der zerstörenden Macht der Zunge, wie er es nennt.

Mit drastischen Bildern beschreibt er, wie wir mit unseren Worten die Stimmung in unserer Umgebung vergiften können. Wahrscheinlich hat jede von uns so eine Situation schon einmal erlebt, in der sie aus Ärger, Enttäuschung oder auch Erschöpfung heraus Ausdrücke und Sätze hat fallen lassen, die man eigentlich gar nicht so meint und die einem hinterher leidtun. Ich befürchte, dass gerade wir Frauen außerdem oft in Versuchung geraten, unsere Worte als Waffe zu gebrauchen, um unsere Familienangehörigen im Duell um das letzte Wort zu besiegen.

Gut, wenn sich der Schaden in Grenzen hält und der andere im Nachhinein vielleicht sogar drüber lachen kann. Manchmal hat man den Partner oder die Kinder mit seinen Worten aber wirklich verletzt, und dann ist es wichtig, dass man um Verzeihung bittet. Denn gerade Kinder können sehr feinfühlig sein und sich unsere Worte mehr zu Herzen nehmen, als uns lieb ist.

Und auch das Umgekehrte sollten wir nicht vergessen: Wie gut tut es unseren Kindern (und unserem Partner), wenn wir sie loben, ihnen danken und unsere Anerkennung aussprechen. Es gibt Statistiken, die aufzeigen, wie viele positive Worte es braucht, um *ein* negatives Wort wieder aufzuwiegen. Ich bin skeptisch, ob sich dieses Verhältnis so genau bestimmen lässt, aber jeder weiß, wie lange einem eine gedankenlos vorgebrachte Kritik oder eine niederträchtige Bemerkung zu schaffen machen kann und wie schnell man ein Kompliment wieder vergisst – oder gar nicht erst annimmt.

Deswegen ist es gut, wenn wir hin und wieder überprüfen, welchen Ton wir unseren Kindern und unserem Partner gegenüber anschlagen. Haben wir gute, wohlwollende Worte für sie oder herrschen Kritik, Rechthaberei und Streit vor? Ist Letzteres der Fall, kann es hilfreich sein, die Gründe für die eigene Unzufriedenheit oder Gereiztheit aufzuspüren und sie offen in einem ruhigen, klärenden Gespräch anzusprechen, statt sie andauernd durch mehr oder weniger nette Kommentare zu Wort kommen zu lassen.

Zum Weiterlesen:
Jakobus 3

Gebet:
„Vater im Himmel, es gibt Tage, an denen es mir niemand recht machen kann. Mache mir bitte bewusst, wenn ich wieder in einem solchen Kreislauf stecke, und zeige mir Wege, wie ich aus ihm ausbrechen kann. Vergib mir, wo ich meine Kinder und meinen Ehepartner durch meine Worte verletzt habe. Hilf mir dabei, in unserer Familie eine Atmosphäre der Wertschätzung zu schaffen. Amen."

Tagesimpuls:
- Was hilft dir ganz praktisch, deine Zunge im Zaum zu halten, wenn du kurz davor bist zu explodieren – in Gedanken oder laut „Stopp" zu sagen, aus dem Zimmer zu gehen, einmal tief Luft zu holen und bis zehn zu zählen?
- Eine Frau schrieb einmal in einer Zeitschrift, dass sie ihrem Ärger dadurch Luft macht, dass sie ihre Zimmerpflanzen gießt. Sie erwähnte allerdings auch, dass sie dadurch im ersten Sommer fast alle ihre Blumen ertränkt hätte ….

14. Gute Eltern – schlechte Eltern

Verurteilt niemand, damit auch ihr nicht verurteilt werdet. Denn so, wie ihr über andere urteilt, werdet ihr selbst beurteilt werden, und mit dem Maß, das ihr bei anderen anlegt, werdet ihr selbst gemessen werden. Matthäus 7,1-2, NGÜ

Unser Kindergarten bietet in jedem Frühling einen Vater-Kind-Tag an. An diesem Samstag ziehen die Papas mit ihrem Nachwuchs alleine los, und die Mamas dürfen zu Hause bleiben (und können sich einmal nicht mit gut gemeinten Ratschlägen einmischen). Als unsere Jungs zwei und fünf Jahre alt waren, stand der Besuch eines nahe gelegenen Tierparks auf dem Programm, und nachdem die Abenteurer am späten Nachmittag wieder zu Hause angekommen waren, wirkte mein Mann etwas geplättet.

Ich fragte ihn, wie der Ausflug gewesen sei und er antwortete: „Ach weißt du, es ist anstrengend, wenn man den ganzen Tag das Spiel *Wer ist der beste Papa von allen?* spielt." Ich musste lachen, wusste aber auch sofort, was er meinte, denn ich spiele dieses Spiel sehr oft in der Mama-Version.

Als mein Ältester süße zwei Jahre alt und der Kleine noch nicht geboren war, fiel es mir relativ leicht, bei diesem Spiel in der oberen Liga mitzuspielen. Mein Großer ruhte meistens in sich selbst, hörte in der Regel, wenn ich ihm etwas sagte, und war auch sonst ziemlich unkompliziert. Peinliche Szenen im Supermarkt oder auf dem Spielplatz gab es kaum, und meistens kam es nur im Familienkreis vor, dass mein Sohn über die Stränge schlug und ich überreagierte.

Heute bricht mir dagegen manchmal der Schweiß aus, wenn ich versuche, *Beste Mama von allen* zu werden. Denn seit mein Großer das unschuldige Babyalter hinter sich gelassen hat, gibt es immer wieder Momente, in denen ich ihn nicht wiedererkenne oder wegen seines Verhaltens in Grund und Boden versinken möchte. Dann kommen mir Fragen wie: *Warum benimmt er sich ausgerechnet im Garten der Nachbarin so, als hätte er noch nie das Wörtchen „Nein" gehört? Warum müssen sich die beiden Jungs im Kindergarten vor versammelter Mannschaft lautstark um eine Verkehrsweste streiten, die sich der Kleine vom Großen doch nur ausgeliehen hat?*

Ich merke in solchen Situationen, wie wichtig es mir ist, dass meine Kinder, wir als Familie oder ich als Mutter vor anderen gut dastehen. Mein Selbstwert als Mutter hängt leider nicht unerheblich davon ab, dass meine Kinder mich nicht vor anderen blamieren. Es ist mir peinlich, wenn dieses Bild Risse bekommt, weil sich meine Söhne danebenbenehmen und ich es nicht schaffe, darauf angemessen zu reagieren. Andererseits lege ich die Messlatte bei anderen Eltern auch ziemlich hoch und schüttle zumindest innerlich missbilligend den Kopf, wenn sich ihre Kinder nicht zu benehmen wissen.

Ich vermute, dass es mir nicht alleine so geht und dass viele andere Mütter und Väter ebenfalls ihre Version von *Beste Eltern von allen* spielen. Das ist schade, denn so machen wir uns unser Elternsein gegenseitig schwerer, statt einander unter die Arme zu greifen.

In unserem Anspruch, möglichst aus eigener Kraft heraus perfekte Eltern zu sein, haben wir die Wahrheit vergessen, die hinter dem afrikanischen Sprichwort steckt: „Es braucht ein ganzes Dorf, um ein Kind zu erziehen." Ist es wirklich so schlimm, wenn andere meinem Kind auf gute Art und Weise spiegeln, dass sein Verhalten nicht okay ist? Warum fühle ich mich als Mutter in einer solchen Situation angegriffen und freue mich nicht einfach, dass mich jemand in meiner Aufgabe unterstützt?

Und noch einen Grundsatz, der anscheinend jahrelang in der Kindererziehung als Konsens galt, haben wir verlernt: dass unsere Kinder ausnahmslos keine Engel sind, sondern Wesen, die sich trotz bester Erziehung hin und wieder danebenbenehmen[8]. Oder ist Ihnen schon einmal eine Familie begegnet, deren Kinder sich immer korrekt verhalten haben?

Warum atmen wir nach einer kritischen Situation nicht einfach tief durch, weisen unser Kind auf sein Fehlverhalten und gegebenenfalls auf die Konsequenzen hin – und gehen zur Tagesordnung über, statt uns noch stundenlang mit dem Gedanken zu quälen, wie in aller Welt unser Kind sich so unmöglich verhalten konnte?

Jesus fordert uns dazu auf, nicht über andere den Stab zu brechen, sondern erst einmal vor der eigenen Haustüre zu kehren. Wenn ich das beherzige, dann muss ich mich und andere Eltern nicht mehr andauernd in die Spielekategorie *Sieger- oder Verlierertypen* einordnen. Ich brauche das Spiel *Wer ist die beste Mama von allen?* nicht mehr mitzuspielen, weil ich einen realistischen Blick auf die Stärken und Schwächen meiner Familie haben kann und die anderen nicht ständig übertrumpfen muss.

Gott wird mir ohnehin ganz unabhängig von meinem *Spielestand* unter die Arme greifen und mir bei der Erziehung meiner Kinder helfen, wenn ich ihn darum bitte. Auch meinen Wert brauche ich bei ihm nicht durch Vorzeigekinder aufzupolieren, denn Gottes Liebe gilt mir und meinen Kindern ganz unabhängig von irgendwelchen Leistungen.

Zum Weiterlesen:
Matthäus 7,1-5

Gebet:

„Vater im Himmel, es wäre schön, immer wohlerzogene Kinder zu haben, die nie irgendwelche Probleme machen. Die Wirklichkeit sieht jedoch anders aus. Gib mir bitte Weisheit für ihre Erziehung und hilf mir, ruhig aber konsequent zu bleiben, wenn mein Kind sich danebenbenimmt. Hilf uns, uns als Mütter gegenseitig zu unterstützen, statt miteinander in einen Konkurrenzkampf zu treten. Amen."

Tagesimpuls:

- Christliche Gemeinden oder gut situierte, gebildete Eltern legen die Messlatte oft besonders hoch, was das erwünschte Verhalten eines Kindes angeht (zum Beispiel Stillsitzen im Gottesdienst, Tischmanieren, Höflichkeit). Das kann dazu führen, dass man vom eigenen Kind plötzlich ein Benehmen erwartet, das man sonst nicht einfordern würde oder noch nicht mit ihm eingeübt hat.

- Erinnerst du dich an Situationen, in denen du dich unter Druck hast setzen lassen? Was könnte dir helfen, deinen Kindern, deren Temperament und deinem Erziehungsstil treu zu bleiben, während du gleichzeitig die Augen für wertvolle Anregungen von anderen Eltern offen hältst?

15. Übung macht den Meister

Bring einem Kind am Anfang seines Lebens gute Gewohnheiten bei, es wird sie auch im Alter nicht vergessen. Sprüche 22,6; GNB

Eine Freundin mit ihren drei Kindern war bei uns zu Besuch. Begeistert erzählte sie mir davon, dass ihr mittlerer Sohn gerade gerne aufräumt: Die Söckchen stecke der knapp Zweijährige ohne Aufforderung in seine Schuhe und stelle diese dann ordentlich weg. Mit einem kleinen Seufzer ergänzte sie: „Ich wünschte, es bliebe so, wenn er älter wird. Bei meiner Ältesten dachte ich auch einmal, dass sie ein Kind wird, das Ordnung liebt."

Aus Erfahrung wusste meine Bekannte, dass die Ordnungsliebe der Kleinen irgendwann verschwindet und sich in der Regel ins Gegenteil verkehrt. Ich kann diese Beobachtung bestätigen. Mein Zweieinhalbjähriger ist mit Begeisterung dabei, wenn er die Besteckschublade der Spülmaschine ausräumen oder mir sonst irgendwie im Haushalt helfen darf. Mein Fünfeinhalbjähriger muss im Gegensatz dazu zu seinen täglichen Aufgaben und zur Ordnung angehalten werden.

Aber egal in welchem Alter sie sich befinden – beide haben Phasen, in denen sie nicht gerne aufräumen oder meinen Anweisungen nur nach wiederholter Aufforderung nachkommen. Es ist erstaunlich, welche schauspielerische Begabung ein Kind entwickelt, wenn es gilt, sich vor einer Aufgabe zu drücken.

Mein Großer bevorzugte eine Zeit lang die Variante, sich auf dem Boden zu wälzen und mit großer Verzweiflung „Immer ich!" auszurufen. Nach dem Motto: „Seht her, welch' großes Unrecht mir geschieht!" Der Kleine stellt sich in solchen Situationen gerne mal taub oder sucht das Weite.

Als Mutter fällt es mir dann nicht immer leicht, konsequent dabei zu bleiben, dass sie den Biomüll rausbringen oder ihre Spielsachen aufräumen. *Verlange ich vielleicht doch zu viel von ihnen?*, überlege ich dann und komme gleich auf die Antwort: *Nein, das glaube ich eigentlich nicht.* Dazu kommt, dass ich die Aufgabe in der Zeit, in der ich sie dreimal dazu auffordern musste, längst selbst erledigt hätte.

Trotzdem versuche ich dranzubleiben und nicht nachzulassen, selbst wenn das bedeutet, dass ich zum x-ten Mal meinen Sohn zum Eingangsbereich zurückschicke, damit er seine Schuhe ordentlich ins Regal räumt. Ich bin davon überzeugt, dass er als Schulkind, als Jugendlicher und vor allem als Erwachsener davon profitiert, wenn er gelernt hat, eine gewisse Ordnung zu halten, im Haushalt mitzuhelfen oder ganz grundsätzlich Verantwortung für sein Handeln zu übernehmen.

Die Aussagen von zwei Autoren helfen mir dabei, in diesem Erziehungsbereich einen langen Atem zu behalten. Zum einen schreibt der Psychologe Michael Winterhoff tröstlicherweise, dass es völlig normal ist, dass man gewisse Abläufe mit einem Kind immer und immer und immer wieder üben muss, damit sie eines Tages sitzen: „So dauert es etwa zunächst einmal unglaublich erscheinende vier Jahre, bis ein Kind in der Lage ist, eigenständig die Teller vom Tisch zu räumen, ohne dass damit ein Auftrag oder eine sonstige Beteiligung der Eltern verbunden wäre. Mit etwa fünf Jahren beginnt ein Kind die Fähigkeit dazu zu entwickeln, doch erst ein Neunjähriger wird durch ständiges Training gelernt haben, dass dieses Tellerabräumen einen bestimmten logistischen Sinn im Haushalt erfüllt und deswegen notwendig ist."[9]

Das andere ist ein praktischer Tipp der Referentin und Familienseelsorgerin Ruth Heil, die selbst (Pflege-)Mutter von elf Kindern ist. Sie schreibt: „Schenk deinen Worten Kraft, damit du nicht zum Wörterbuch wirst. Beim kleinen Kind müssen unsere Füße den Worten hinterherlaufen! Statt dauernd nur zu reden, müssen wir das Kind einholen und abholen und dahin bringen, wo es sein soll."[10]

Konkret sieht das beispielsweise so aus, dass ich gemeinsam mit unserem Kleinen zu einem Spielzeug hingehe, es mit ihm zusammen aufhebe und es dann mit ihm in die passende Spielzeugkiste werfe, wenn er von selbst nicht auf die Aufforderung hört, den Traktor für die Nacht in seiner Garage zu *parken*. Erstaunlicherweise muss ich das meistens nur bei einem oder zwei der Spielsachen machen. Den Rest räumt er dann oft ohne Probleme zügig und ohne meine Nachhilfe auf. Das Ganze ist und bleibt ein Übungsfeld für mich und für meine Kinder. Aber ich glaube, dass es sich auf lange Sicht gesehen lohnt, weil unser Familienleben dadurch einfacher, entspannter und friedlicher wird.

Zum Weiterlesen:
Lukas 2,39-52 oder Sprüche 4

Gebet:
„Vater im Himmel, es ist anstrengend, meine Kinder immer wieder zum Gehorsam und zur Mitarbeit anzuhalten. Bitte hilf mir, freundlich aber bestimmt zu bleiben. Lass mich erkennen, was ich von meinen Kindern guten Gewissens fordern kann, ohne sie dabei zu überfordern. Danke, dass du uns Eltern für diese Aufgabe jeden Tag

neu Weisheit, Geduld und ein Quäntchen Humor geben willst. Ich möchte heute davon Gebrauch machen. Amen."

- Wenn du möchtest, dann überlege dir je nach Alter deines Kindes eine Aufgabe oder Einstellung, die du mit ihm in der nächsten Woche bewusst einüben willst (abends das Zimmer aufzuräumen; sich morgens anzuziehen, ohne lange zu trödeln (ein Dauerthema bei uns!); höflich zu bitten, wenn es bei Tisch etwas haben möchte).

- Erkläre ihm in Ruhe, was du von ihm erwartest, und hilf ihm bei den ersten Malen dabei, die Aufgabe zu erledigen, damit es diese wirklich versteht und sich unterstützt fühlt.

- Erwarte nicht, dass sofort alles klappt, aber bleibe freundlich, konsequent und geduldig. Ein Kind braucht Zeit, um ein gewünschtes Verhalten einzuüben.

16. Worauf du dich verlassen kannst

Aber er hat zu mir gesagt: „Meine Gnade ist alles, was du brauchst! Denn gerade wenn du schwach bist, wirkt meine Kraft ganz besonders an dir." Darum will ich vor allem auf meine Schwachheit stolz sein. Dann nämlich erweist sich die Kraft von Christus an mir.
2. Korinther 12,9; Hfa

Im ersten Jahr nach der Geburt unseres zweiten Sohnes hatte ich oft das Gefühl, ausgepowert zu sein. Die Umstellung des Körpers nach der Schwangerschaft, der Umgang mit dem Säugling, der in manchem ganz anders war als sein Bruder, und vor allem die vielen, vielen schlaflosen Nächte bewirkten, dass ich oft wie neben mir stand und nur noch zu funktionieren schien. Außerdem sind die Hormone zu diesem Zeitpunkt ja auch nicht gerade gnädig und bewirken neben unangenehmen Schweißausbrüchen auch die ein oder andere Heulattacke. Über Monate war ich kraftlos und reizbar.

Wie gut, dass man im Nachhinein sieht, dass diese schwierige Phase zeitlich begrenzt ist. Allerdings habe ich in ihr auch etwas Wertvolles gelernt. Ich habe Gottes Gnade als ein wesentliches Element des christlichen Glaubens neu für mich entdeckt. Es ist vielleicht typisch menschlich, dass wir oft erst merken, wie sehr wir auf sie angewiesen sind, wenn wir an unsere Grenzen stoßen oder wenn schwierige Charakterzüge ungeschönt ans Licht kommen.

Paulus, der erfolgreiche Apostel und Mitautor des Neuen Testamentes, musste diese Abhängigkeit von Gottes Gnade ebenfalls für sich durchzubuchstabieren lernen. Er konnte seine Arbeit nicht effektiv tun, weil es etwas gab, was ihn daran hinderte. Wir wissen nicht genau, was das war, aber Paulus wäre dieses Handicap gerne losgeworden. Wiederholt bat er Gott um Heilung. Die Antwort, die er auf seine Gebete bekam, war jedes Mal: „Meine Gnade ist alles, was du brauchst!"

Gott befreite seinen bedeutenden Mitarbeiter also nicht mit einem Fingerschnippen von seiner Einschränkung, um ihn noch erfolgreicher zu machen. Stattdessen wollte Gott, dass Paulus es lernt, sich ihm anzuvertrauen und auf seine Hilfe oder sein Handeln zu warten.

Ich merke, dass es auch für mich in schwierigen Phasen immer wieder dran ist, meine Unzulänglichkeit oder mein Versagen vor Gott ehrlich einzugestehen und ihn um Hilfe zu bitten. Oft fange ich zu spät an, mit ihm darüber zu reden, dass ich wegen der Kinder, meinem Mann oder mir selbst frustriert bin und nicht mehr weiß, wie ich ein gewisses Problem anpacken kann. Es ist und bleibt mein persönlicher Lernprozess, mich als ganze Person mit meinen Stärken und meinen Schwächen Gott anzuvertrauen und zu verstehen, dass seine Gnade auch und gerade für die Bereiche meines Lebens gilt, in denen es nicht so läuft, wie es sollte.

Während meines Theologiestudiums bezeichnete ein Griechisch-Dozent Gnade immer wieder als *Gottes freundliches Zugewandtsein uns gegenüber*. Gott bleibt mir also nicht nur an Tagen zugewandt, an denen alles glatt läuft, sondern auch dann, wenn sich die Kinder schon zehn Minuten nach dem Aufstehen in den Haaren liegen oder mein Partner und ich uns als traurige Einzelkämpfer durchs Leben wursteln.

Dabei geht es nicht darum, Gottes Gnade als eine Art universellen Meister Proper zu verstehen, nach dem Motto: „Ist nicht so schlimm, das wird schon wieder schön sauber." Was sich nach einer nachgiebigen und vielleicht auch etwas nachlässigen Eigenschaft Gottes anhört, ist im Grunde die tragende Grundlage für jedes Leben und gleichzeitig die größte verändernde Kraft, die überhaupt existiert.

Gott ist ständig und unablässig mit seiner Gnade in dieser Welt und in unserem Leben am Wirken. Ein Blick in die biblischen Geschichten des Volkes Israels und auch in das Leben von Jesus zeigt das sehr deutlich. Auch als Mutter darf ich dieses Geschenk für mich in Anspruch nehmen, wenn ich das Gefühl habe, als halber Zombie durch die Gegend zu laufen und weder meinen Kindern noch meinem Partner gerecht zu werden.

Zum Weiterlesen:
Klagelieder 3,17-26 oder Römer 8,26-38

Gebet:
„Vater im Himmel, du weißt, in welchen Bereichen meines Lebens ich deine Gnade brauche, weil ich in ihnen entweder besonders verletzt oder besonders uneinsichtig bin. Danke, dass deine Gnade mich da auffängt, wo ich selbst keinen Halt mehr habe, und dass ich sie für jeden Bereich meines Lebens in Anspruch nehmen darf. Amen.“

Tagesimpuls:
- Gibt es Bereiche in deinem Leben, in denen du Gottes Gnade heute bewusst oder wieder neu in Anspruch nehmen möchtest?
- Du kannst mit Gott darüber sprechen und ihn bitten, dass er dir zu verstehen hilft, was seine Gnade für deine Situation bedeutet.

17. O du fröhliche, o du selige ...

Und der Engel sprach zu ihnen: Fürchtet euch nicht! Siehe, ich verkündige euch große Freude, die allem Volk widerfahren wird; denn euch ist heute der Heiland geboren, welcher ist Christus, der Herr, in der Stadt Davids. Und das habt zum Zeichen: Ihr werdet finden das Kind in Windeln gewickelt und in einer Krippe liegen. Und alsbald war da bei dem Engel die Menge der himmlischen Heerscharen, die lobten Gott und sprachen: Ehre sei Gott in der Höhe und Friede auf Erden bei den Menschen seines Wohlgefallens. Lukas 2,10-14; LUT

Als Kind war ich begeistert von Weihnachten und fieberte jedes Jahr dem Dezember entgegen. Ich mochte die Dunkelheit, die Kerzen, die Lieder, Krippenspiele, *Zuckerbrötle* (Plätzchen), Adventskalender und Geschenke. Seltsamerweise kamen mir die vier Wochen vor dem 24. Dezember dabei nie zu kurz vor, und die Mystik um das Fest stellte sich von ganz alleine ein. Je älter ich wurde, desto mehr gingen diese besondere Stimmung und die kindliche Vorfreude verloren. Trotzdem schenkt Gott oft in all dem Weihnachtsstress einen Moment, in dem ich ganz neu von der Botschaft des Christfestes berührt werde.

Vergangenes Jahr erlebte ich meinen Weihnachtsmoment mitten in der Vorbereitung auf eine Kur, die ich mit den Kindern Mitte Dezember antreten wollte. Ich konnte abends nicht einschlafen, weil ich mir Sorgen machte, wie ich alles rechtzeitig vor dem Fest schaffen sollte. Mitten in diese Unruhe hinein kam mir ein Gedanke: „Gott verspricht Frieden gerade da, wo es an Perfektion fehlt. Das ist die ursprünglichste Bedeutung von Weihnachten!"

Könnten wir uns unsere eigene heile Welt schaffen, hätte Gott nicht als kleines Kind in einem armen Stall unter schwierigen Verhältnissen geboren werden müssen. Es gibt kaum etwas, was uns die Weihnachtsbotschaft deutlicher vermitteln möchte, als dass Gott hineinkommt in unsere eigene Schuld und Unsicherheit, in trostlose Nachrichten, in die Hektik und den Erwartungsdruck unserer Gesellschaft und den Wunsch nach Wohlstand, Glück und Frieden für alle. Nicht wir müssen eine heile Welt voller strahlender Kinderaugen, Plätzchenduft und harmonischer Feiertage erschaffen.

Einer der Namen des neugeborenen Jesus in der biblischen Weihnachtsgeschichte lautet *Immanuel*, was auf Deutsch „Gott ist mit uns" bedeutet (Matthäus 1,23). Weihnachten bringt demnach zum Ausdruck, dass Gott bei uns ist und dass er durch Jesus Veränderung und Frieden schaffen wird – gerade da, wo es uns nicht möglich ist oder wo in der Familie die schöne Stimmung abhandengekommen ist.

Ich habe diese Erinnerung gebraucht, damit sich mein Wunsch nach einem gelungenen Weihnachtsfest in der Wirklichkeit meines Alltags erden konnte. Ich glaube immer noch, dass auch wir als Erwachsene etwas von der hoffnungsvollen und besonderen Weihnachtsstimmung brauchen, die der Advent für Kinder mit sich bringt. Aus diesem Grund versuche ich ganz bewusst, die Wochen vor dem Fest für uns als Familie schön zu gestalten. Aber ich möchte auch lernen, dass echtes Weihnachtsglück nicht davon abhängt, wie viele Plätzchen wir gemeinsam gebacken haben oder ob wir zusammen über einen verschneiten Weihnachtsmarkt bummeln konnten.

Es kann gerade für uns Mamas eine Entlastung sein, wenn wir wissen, dass das Besondere an Weihnachten nicht von unserer Fähigkeit abhängt, eine gemütliche Adventszeit und eine schöne Familienfeier zu organisieren. Das, was liegen bleibt oder was in unserer Familie aufgrund von äußeren Umständen sowieso nicht möglich ist, dürfen wir Gott überlassen.

Die Botschaft von Weihnachten ist stark genug, dass sie sich auch unter widrigen Umständen (eine schmerzhafte Geburt in einem schmutzigen Stall) und in schwierigen sozialen Verhältnissen (Hirten waren die Unterschicht in der damaligen Zeit) einen Weg zu unseren Herzen bahnt. Wie viel mehr wird es dieser Botschaft dann möglich sein, auch in einem ungeputzten Haus und trotz Geschwisterstreit vor der Bescherung oder einer nicht perfekt gekleideten Mutter Hoffnung und Freude zu verbreiten.

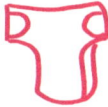

Zum Weiterlesen:
Jesaja 9,1-6

Gebet:
„Vater, ich wünsche mir für mich und meine Kinder eine schöne Weihnachtszeit. Aber oft sieht die Wirklichkeit anders aus. Hilf mir zu erkennen, dass das kein Hindernis für dich ist, um mir zu begegnen und mich und unsere Familie zu verändern. Danke, dass Weihnachten klargemacht hat, dass du mit uns bist."

Tagesimpuls:
- In einer Fernsehsendung äußerte eine prominente Frau sinngemäß, dass jede gute Mama in ihrem Herzen den Wunsch trage, mit ihren Kindern in der Weihnachtszeit Plätzchen zu backen. Im krassen Gegensatz dazu steht die Aussage einer anderen Mutter, die für sich beschlossen hat, Plätzchen zukünftig zu

kaufen, nachdem das Selbstbacken mit den Kindern im Chaos geendet hatte. Kennst du diesen Gegensatz zwischen Wunsch und Realität, und wie würdest du entscheiden?

- Wo brauchst du in dieser Weihnachtszeit den Mut, dich von unrealistischen oder übertriebenen Wünschen zu verabschieden?
- Und was braucht es umgekehrt, damit Weihnachten wird?

18. Mütterfreundinnen

Helft euch gegenseitig bei euren Schwierigkeiten und Problemen, so er-füllt ihr das Gesetz, das wir von Christus haben. Galater 6,2; NLB

„Was bewahrt eine frischgebackene Mutter davor, wahnsinnig zu werden? Der Kontakt mit anderen jungen Müttern, die den gleichen Wahnsinn erleben."

Die Wahrheit dieses Satzes habe ich vor allem nach der Geburt unseres ersten Sohnes erlebt: Ich fuhr mit einem Packen Fragen und Selbstmitleid zur Krabbelgruppe und kam entspannt und gelöst wieder nach Hause. In der Zwischenzeit war nicht viel mehr passiert, als dass wir Mütter uns gegenseitig unser Leid klagten und erleichtert feststellten, dass die anderen mit ähnlichen Schwierigkeiten zu kämpfen hatten. Das gemeinschaftliche Jammern und sich Versichern, dass bald alles wieder besser werden würde, hatte eine ungemein heilsame Wirkung.

Auch heute, mit zwei Kindern, die dem Krabbelgruppenalter entwachsen sind, kenne ich solche *therapeutischen Mamagespräche.* Ich erinnere mich an einen Sonntag, an dem ich im Gottesdienst saß und vor Erschöpfung wegen der dauernden Erkrankungen unseres Jüngsten am liebsten geweint hätte. Die Predigt ging in großen Teilen an mir vorbei. Als sich danach der Gemeinderaum langsam leerte, kam völlig unvermittelt eine andere Mutter auf mich zu und fragte mich, wie es mir gehe. Wir tauschten uns gerade über die Krankheiten unserer Kinder aus, als sich eine weitere Mutter dazustellte und erzählte, dass sie in der nächsten Zeit einen kleinen operativen Eingriff vor sich habe. Das waren alles keine großartigen Neuigkeiten, aber es tat trotzdem gut, sich auszusprechen und dabei zu merken, dass andere Mamas auch ihr Päckchen zu tragen haben.

Ich denke, jede Mutter kennt das Gefühl, wie gut es tut, wenn sie einfach mal ihr Herz ausschütten kann, ohne unterbrochen zu werden oder sich gleich gute Ratschläge anhören zu müssen. Kaum etwas löst inneren Stress und Frust so gut wie die Erfahrung, dass da jemand ist, der mir zuhört, nachfragt, Anteil nimmt und vor allem mich in meiner Situation ernst nimmt. (Liebe Papas, falls ihr das lest, ist das ein einfacher, aber sehr effektiver Tipp, wie ihr euren gestressten Frauen etwas Gutes tun könnt.)

Auf ganz besondere Art habe ich diesen Schutzraum mit zwei Mamas erlebt, die ich im Geburtsvorbereitungskurs kennengelernt habe. Eine war bereits während der Schwangerschaft so mutig, einfach mal anzurufen, um sich über die Beschwerlichkeiten des dicken Bauches oder der Frage, für wie lange man die Elternzeit beantragt, auszutauschen. Später riefen sie und eine weitere Freundin die oben erwähnte Krabbelgruppe in der örtlichen Kirchengemeinde ins Leben, und wir begannen uns darüber hinaus immer wieder zu treffen.

Oft saßen wir dann in einem unserer Wohnzimmer, teilten Freud und Leid unseres Mamaseins, während wir gleichzeitig zu verhindern versuchten, dass sich unsere Einjährigen vom Sofa stürzten oder sich gegenseitig mit Bauklötzchen schlugen. Zum Schluss beteten wir für uns, unsere Kinder und unsere Männer – mit offenen Augen, damit wir die Kleinen notfalls vom Bücherregal oder dem Telefonkabel zurückziehen konnten.

Das waren keine sehr würdevollen Gebete, aber sie haben uns durch schwierige Zeiten durchgetragen und unsere Freundschaft vertieft. Ich empfinde es bis heute als ein großes Geschenk Gottes, dass ich die besondere Zeit der Baby- und Kleinkindphase mit diesen beiden Frauen gemeinsam erleben konnte. Ohne diese Freundinnen und andere befreundete Mütter wären diese Jahre ungleich schwieriger und im wahrsten Sinne des Wortes Trost-loser gewesen.

Bis heute brauche ich den Austausch mit anderen Eltern, bei dem auch immer mal das eine oder andere Rezept, Kinderkleidungsstück oder wertvolle Tipps die Seiten wechseln. Gemeinsam sind wir stärker – das gilt auch für Mamas. Ich weiß nicht, ob Paulus auch diese Gruppe der Gesellschaft vor Augen hatte, als er den Christen in der Region Galatien die Anweisung aus dem obigen Bibelvers gab. Aber sie trifft auf alle Fälle auf sie zu!

Zum Weiterlesen:
Lukas 1,26-56 oder Lukas 5,17-26

Gebet:
„Vater im Himmel, danke, dass du uns aufforderst, unser Leben mit anderen zu teilen. Lass mich eine Freundin für andere Mütter sein, und hilf mir, die Freundschaft anderer anzunehmen. Segne du die Beziehungen, die ich zu anderen Frauen habe. Amen."

Tagesimpuls:
- Sollte dir heute eine andere Mutter ihr Herz ausschütten, so ist es gut, wenn du nicht gleich über dich und deine Situation redest. Höre ihr stattdessen aufmerksam zu, und biete ihr einen Raum, in dem sie sich öffnen kann. Permanente Quasselstrippen dürfen nach einer Weile allerdings gerne höflich, aber bestimmt unterbrochen werden ….

19. Eine 2000 Jahre alte Regel für den Familienfrieden

Ihr Kinder, gehorcht euren Eltern! So erwartet es der Herr von euch, mit dem ihr verbunden seid. … Ihr Väter, behandelt eure Kinder nicht ungerecht! Sonst fordert ihr nur ihren Zorn heraus. Eure Erziehung soll sie vielmehr in Wort und Tat zu Gott, dem Herrn, hinführen.
Epheser 6,1+4; Hfa

Mein Fünfjähriger saß auf der Treppe und schimpfte: „Immer seid ihr Erwachsenen die Bestimmer! Nie dürfen wir Kinder bestimmen!" Grund für seinen Ärger war die Tatsache, dass ich ihn dazu aufgefordert hatte, wegen der Witterung die Winterschuhe anzuziehen und nicht die Sportschuhe, die er sich ausgesucht hatte. Ich blieb hart, weil ich der Überzeugung war, dass kalte und nasse Füße weder Spaß machen noch gesund sind.

„Immer seid ihr die Bestimmer!" Ist eine solche Aussage ein Alarmzeichen dafür, dass die Eltern in der Erziehung zu streng sind und das Kind zu wenig in ihre Entscheidungen einbeziehen? Oder müssen Kinder manche Entscheidung der Erwachsenen akzeptieren, weil letztere die Verantwortung tragen und ein Kind noch nicht alle möglichen Konsequenzen überblicken kann?

Paulus, neutestamentlicher Briefeschreiber und Apostel, hatte anscheinend Ahnung davon, wie es in Familien zugeht und worin ihre größtes Konfliktpotenzial besteht: Eltern wünschen sich Kinder, denen sie nicht alles dreimal sagen müssen oder mit denen jede Entscheidung neu ausdiskutiert werden muss. Kinder wünschen sich Eltern, die sie ernst nehmen und von denen sie nicht ungerecht behandelt werden. Paulus' Rat richtet sich an beide Seiten, und ich glaube, wir profitieren für unser Familienleben davon, wenn wir auf ihn hören.

Zuerst Paulus' Rat für die Eltern: Als Erwachsene tragen sie die Hauptverantwortung für die Stimmung und den Umgangston in der Familie. Das wird im zweiten Teil des Textes deutlich. Luther übersetzte diese Passage eindrücklich mit „reizt eure Kinder nicht zum Zorn". Kinder haben ein gutes Gespür dafür, wenn eine Anweisung ungerecht ist oder wenn Eltern sie nur durchsetzen wollen, damit sie möglichst wenig Umstände haben.

Auch wenn ein Kind mit einer Anweisung überfordert ist oder sich hilflos fühlt, ruft das seinen Protest hervor. Wenn das der Fall ist, ist es gut, wenn Eltern ihre Entscheidung noch einmal überdenken. Dort, wo es vom Verständnis des Kindes her möglich ist, kann man einem Kind auch erklären, warum man eine bestimmte Anweisung gegeben hat. Das macht es dem Kind manchmal leichter, sich daran zu halten, selbst wenn es lieber etwas anderes tun würde. Auf diese Art und Weise erleben Kinder, dass sie in ihrer Persönlichkeit und ihrem Wollen wertgeschätzt werden, selbst wenn sie nicht immer bekommen, was sie gerade möchten.

Umgekehrt ist es je nach Alter und Situation auch möglich, Kinder gewisse Dinge selbst bestimmen zu lassen. Eltern setzen erfahrungsgemäß unterschiedliche Schwerpunkte und Grenzen, und so ist es gut, den eigenen Standpunkt immer wieder zu überprüfen. Wer hinsichtlich seiner Vorgaben eher streng ist, sollte von Zeit zu Zeit überprüfen, ob sie dem fortschreitenden Alter des Kindes noch angemessen sind. Wer seinem Kind grundsätzlich gerne größere Freiheiten lässt, sollte hingegen darauf achten, ob das Kind mögliche Folgen seiner Wahlfreiheit schon gut verkraften kann.

Damit wären wir beim zweiten Teil von Paulus' Aussage, dass Kinder ihren Eltern gehorchen sollen. Aufgrund unserer deutschen Geschichte ruft das Wort *Gehorsam* ein ungutes Gefühl hervor. Französische Mütter und Väter scheinen da entspannter zu sein, denn sie erwarten von ihren Kindern, dass sie auf Anweisungen hören und ihnen Folge leisten. Die amerikanische Autorin Pamela Druckerman, die in Frankreich lebt und sich von den Franzosen einiges über Kindererziehung abgeschaut hat,[11] zitiert in diesem Zusammenhang den französischen Autor und Arzt Daniel Marcelli. Er sagt: „Unterwerfung hat etwas Erniedrigendes, während Gehorsam einem Kind erlaubt, erwachsen zu werden."[12]

Ich finde, dass das eine sehr schöne und treffende Definition ist, weil sie zeigt, worauf es ankommt: Es geht nicht darum, dass ein Kind blind oder schlimmstenfalls willenlos gehorcht. Vielmehr soll ein Kind verstehen lernen, dass sich nicht alles um seine Bedürfnisse dreht und dass es sich so benimmt, dass die Familie als Ganzes harmonisch zusammenleben kann. Dass eine solche Einstellung nicht über Nacht entsteht, ist französischen Eltern klar. Deswegen verwenden sie bewusst Zeit für die *éducation*, die Erziehung ihrer Kinder, bei der es darum geht, dem Nachwuchs zu erklären, wie man sich verhält.

Marcelli nennt als Beispiel eine Mutter, die ihr Kleinkind dazu auffordert, das scharfe Messer bei Tisch beiseitezulegen. Wenn das Kleine nicht reagiert, nimmt sie ihm das Messer nicht aus der Hand (sofern keine akute Gefahr besteht), sondern wiederholt ihre Aufforderung einen Moment später klar und deutlich und gibt dem Kind Zeit, der Anordnung nachzukommen. Der Franzose geht davon aus, dass das Kind das Messer schließlich zur Seite legen wird – weil es weiß, dass *Maman* darauf bestehen wird, dass es ihrer Anweisung nachkommt. Auf diese Art und Weise *lernt* ein Kind tatsächlich Gehorsam, weil es aktiv daran beteiligt ist und ihm kein blinder Gehorsam aufgezwungen wird.

Kinder, die auf die Anweisungen ihrer Eltern hören. Eltern, die ihre Kinder ernst nehmen und wertschätzen. Das ist kein Patentrezept, das ein für alle Mal funktioniert, aber es zeigt eine grundsätzliche Haltung, mit der sich Familienmitglieder begegnen. Eine solche Atmosphäre entspannt das Familienleben und macht das Zusammenleben friedlicher. Und ich glaube, damit kommen wir auch dem näher, wie Gott sich das Leben in einer Familie eigentlich vorgestellt hat.

Zum Weiterlesen:
Epheser 6,1-4

Gebet:
„Vater im Himmel, du möchtest, dass in unserer Familie eine Atmosphäre der Wertschätzung und Liebe herrscht, in der Kinder auf gute Art und Weise lernen können, auf ihre Eltern zu hören. Zeige mir bitte, wo ich mit meinem Verhalten einer solchen Atmosphäre im Weg stehe und was ich verändern kann, damit wir diesem Ziel näherkommen. Amen."

Tagesimpuls:
- Pamela Druckerman beschreibt in ihrem Buch, wie sie es lernen musste, ihrem Nein den nötigen Nachdruck zu verleihen, den es brauchte, damit ihre Kinder auf sie hören. Ihre französischen Freundinnen machten ihr klar, dass Kinder spüren, wenn wir von unserer eigenen Autorität nicht überzeugt sind und Zweifel daran haben, ob wir ihnen unser Nein wirklich zumuten dürfen.

- Kennst du solche Zweifel? Wenn ja, dann überlege dir, in welchen Erziehungsbereichen sie deiner Meinung nach berechtigt sind und in welchen Bereichen du getrost und ohne schlechtes Gewissen bei deinem Nein bleiben kannst.

20. Tage wie dieser

Doch Gott antwortet: „Kann eine Mutter ihren Säugling vergessen? Bringt sie es übers Herz, das Neugeborene seinem Schicksal zu überlassen? Und selbst wenn sie es vergessen würde – ich vergesse dich niemals! Unauslöschlich habe ich deinen Namen auf meine Handflächen geschrieben, deine Mauern habe ich ständig vor Augen!
Jesaja 49,15-16; HfA

Der Urlaubstag hätte schön werden können. Wir hatten einen Ausflug zu einem Fluss geplant und wollten dort ein paar Stunden verbringen. Es wurde ein Reinfall: Die Badestelle war viel zu steinig, das Wasser fiel zu steil ab, und Schattenplätze gab es eindeutig zu wenig. Während mein Mann und die Kinder trotzdem ihren Spaß hatten, wurde ich von Minute zu Minute missmutiger und drängte zum Aufbruch. Ich hatte genug von der prallen Sonne und dem Herumstaksen auf dem unebenen Boden.

„Sobald ich zu Hause im Kühlen bin, etwas getrunken habe und wir im Garten zusammen sein können, wird meine Laune besser", versuchte ich mich selbst zu überzeugen. Doch ich blieb den ganzen Nachmittag über wie ein brodelnder Vulkan und vor allem die Kinder bekamen meine Gereiztheit zu spüren.

Der GAU des Tages passierte dann beim Abendessen: Von einem beschädigten Glasdeckel waren unbemerkt Scherben in die Auflaufform geraten, sodass wir den leckeren Nudelauflauf in den Müll werfen mussten. Das eilig zubereitete Ersatzessen – Wiener Würstchen und Instantkartoffelpüree – schmeckte nicht halb so gut, was der Ältere prompt mit Nörgeln quittierte. Als dann der Jüngere beim Füttern noch ständig seinen Kopf wegdrehte, sodass das Essen statt in seinem Mund auf seinem T-Shirt landete, hatte ich genug. Ich stand auf und überließ die Kinder ohne ein weiteres Wort meinem Mann. Ich musste jetzt dringend alleine sein und Ordnung in meine Gedanken- und Gefühlswelt bringen.

Das war nicht einfach. Ich hatte den ganzen Tag über immer wieder Gott gebeten, mir aus meiner miesen Laune herauszuhelfen. Im Gegensatz zu anderen Tagen, wo ich seine Hilfe konkret erlebt habe, hatte er das heute zu meinem Unverständnis nicht getan. So hatte ich zum einen Gott gegenüber die Frage, warum er nicht stärker eingegriffen hatte, und war zum anderen traurig und ernüchtert über mich selbst: Ich wollte nie eine Mutter sein, deren Kinder ihren Launen und ihrem Frust ausgesetzt waren.

Während ich draußen auf einem großen Findling in der Natur saß, und vor Erschöpfung noch nicht einmal weinen konnte, ging mir obiger Text aus dem alttestamentlichen Buch Jesaja durch den Kopf. Ursprünglich galt diese Zusage dem Volk Israel, genauer der Stadt Jerusalem. Deswegen der Hinweis auf die Stadtmauern. Unmittelbar vor diesem Text beklagte sich Jerusalem im übertragenen Sinne darüber, dass es von Gott verlassen sei. Aber mit einem sehr ausdrucksstarken Vergleich macht Gott klar, dass das nicht nur nicht stimmt, sondern auch nie der Fall sein wird.

Mir ging es im doppelten Sinne ähnlich: Ich hatte das Gefühl, dass Gott mich im Stich gelassen hatte. Und ich hatte das Gefühl, meine Kinder an diesem Tag im Stich gelassen zu haben.

Als ich über den Bibelvers nachdachte, wurden mir zwei Dinge klar: zum einen, dass ich unweigerlich gegenüber meinen Kindern versage und an ihnen schuldig werde. Nicht nur heute, sondern immer wieder. Selbst mit den besten Absichten und der größten

Anstrengung werde ich nie die perfekte Mutter sein, die ich so gerne wäre. Unsere menschliche Natur, die von unserer Schuld und Gottgetrenntheit geprägt ist, verhindert das.

Ich bin nicht perfekt – dieses Eingeständnis tut weh. Aber es ist zugleich auch die einzige realistische Sicht auf diese Welt, in der nichts und niemand außer Gott wirklich perfekt ist. Strebe ich ein perfektes Mutterbild an, dann überfordere ich mich und andere unweigerlich. Ich bin und bleibe als Mutter auf Gottes Gnade angewiesen.

Zum anderen steht Gott aber trotzdem zu mir und zu meinen Kindern. Das zu wissen, tut im doppelten Sinn gut: Ich enttäusche meine Söhne und lasse sie im Stich. Aber Gott tut das nicht. Er ist bei ihnen, hilft ihnen, schützt sie und vergisst sie nicht. Und er lässt auch mich in meinem Versagen nicht los, sondern ist bereit, mich zu unterstützen, mir zu vergeben und mich aufzufangen, wenn ich ihn darum bitte.

Müde und etwas ruhiger machte ich mich auf den Weg nach Hause. Unser Kleiner entdeckte mich zuerst und meinte: „Mama wieder da." Ja, ich war wieder da. Zwar immer noch nicht in Partystimmung, aber getröstet und um die Gewissheit reicher, dass auch Tage wie dieser Gottes Liebe zu mir und seine Fürsorge für meine Kinder nicht erschüttern können.

Zum Weiterlesen:
Psalm 27,7-14

Gebet:

„Vater im Himmel, manchmal verstehe ich selbst nicht, was mit mir los ist. Danke, dass deine Liebe mich auch an solchen Tagen trägt. Wo an solchen Tagen durch mein Verhalten zwischenmenschlicher Schaden entstanden ist, heile du ihn bitte und hilf mir, meinen Teil dazu beizutragen. Danke, dass deine starke Hand auch meine Kinder trägt und sie durch alles menschliche Versagen meinerseits hindurchführt. Amen."

Tagesimpuls:

- Kannst du für dich annehmen und daran glauben, dass Gott dich liebt? Dass er dich auch dann liebt, wenn du als Mutter versagt hast?
- Wenn nein, was hindert dich daran? Versuche doch mal mit Gott darüber zu reden.

21. Plan B

Passt auf, wenn ihr behauptet: „Heute oder morgen werden wir in eine bestimmte Stadt gehen und ein Jahr dort bleiben. Wir werden dort Geschäfte machen und Gewinne erzielen." Woher wollt ihr wissen, was morgen sein wird? Euer Leben gleicht doch dem Nebel am Morgen – schon nach kurzer Zeit ist er wieder verschwunden. Stattdessen solltet ihr sagen: „Wenn der Herr es will, werden wir leben und dieses oder jenes tun." Jakobus 4,13-15, NLB

Wer kleine Kinder hat, weiß, was es heißt, seine Pläne von einem Moment auf den anderen umschmeißen zu müssen. In den Sommerferien fragte uns einmal spätabends ein befreundetes Ehepaar aus Norddeutschland an, ob sie am nächsten Tag mit ihren beiden Jungs zu uns kommen könnten. Sie wollten ihre Familie in Hessen besuchen und hatten Zeit für einen Abstecher bei uns. Am nächsten Morgen musste der Vater jedoch leider absagen. Der jüngere Sohn hatte in der Nacht Fieber bekommen und erbrochen, sodass sie die Reise gar nicht erst antreten konnten. Und ich selbst habe einmal von Weihnachten bis Mai vergeblich versucht, mich gemeinsam mit zwei Freundinnen und ihren Kindern zu treffen. Immer war eines der Kinder krank, sodass wir das Treffen wieder absagen mussten.

Aber nicht nur Krankheiten machen Eltern einen Strich durch ihre Planung. Hast du dich schon einmal gefragt, warum das Baby ausgerechnet an dem Tag nicht in seinen üblichen Mittagsschlaf findet, an dem man selbst so gut eine kurze Ruhepause gebrauchen könnte? Oder warum beide Kinder ausgerechnet an dem Tag fortwährend das Kriegsbeil ausgraben, an dem man sich vorgenommen hat, einen Berg Wäsche zu erledigen? Es macht wenig Spaß, das Bügeleisen ständig ein- und auszuschalten, weil man zwischendurch immer wieder Streit schlichten muss. Da ich ein Typ bin, der gerne seine To-do-Liste abarbeitet, und mich freue, wenn ich am Abend sehen kann, was ich geschafft habe, frustriert es mich, wenn die Dinge nicht so laufen, wie ich es will.

Inzwischen versuche ich zu akzeptieren, wenn etwas nicht nach Plan läuft, und mich entsprechend darauf einzustellen. Das fällt mir nach wie vor schwer, und ich bin froh, dass ich damit nicht allein bin. Jesus erging es vermutlich ähnlich – nur dass er gelassener reagierte. Seine Biographen berichten mehrere Male davon, dass er sich zum Beten an einen ruhigen Platz zurückziehen wollte, aber die Menschen liefen ihm derart hinterher, dass daraus nichts wurde. Statt daraufhin gefrustet von dannen zu gehen und noch weiter in die Berge hochzusteigen, ließ Jesus sich auf die Menschen ein, heilte sie und erzählte ihnen von Gott. Oft fand er dann erst nachts die ersehnte Einsamkeit und Ruhe für ein Gespräch mit seinem Vater. Jesus war bereit, seine Pläne von Gott und von den Menschen durcheinanderbringen zu lassen.

Auch der Apostel Jakobus warnt in seinem neutestamentlichen Brief davor, zu selbstsicher eigene Pläne zu machen. Er spricht in dem oben zitierten Vers in allererster Linie zu Geschäftsleuten, aber in unserer durchgetakteten Zeit können wir davon auch etwas lernen. Denn der Grundton seiner Aussage lautet: „Lege dich nicht zu sehr auf deine Pläne fest! Du hast dein Leben am heutigen Tag nur begrenzt in der Hand, und was morgen alles passiert, weißt du nicht. Bitte deswegen Gott um seinen Segen für deine Pläne, und nimm es auch aus seiner Hand, wenn es nicht so kommt, wie du es dir gedacht hast."

In einem älteren englischen Andachtsbuch fand ich unter dem Titel „Unterbrechungen, Verzögerungen und Unannehmlichkeiten" zwei hilfreiche Zitate zum Thema durchkreuzte Zeitplanung. Der Chinamissionar James O. Fraser und die englische Nonne und Pädagogin Janet Erskine Stuart, um die es in dem Text geht, sind beide längst verstorben, aber ihre Einstellung verrät etwas darüber, wie man mit über den Haufen geworfenen Plänen umgehen kann.

Fraser, ein Junggeselle, der damit beschäftigt war, eine neue Sprache zu lernen, und nebenbei in einer fremden Kultur seinen Haushalt führen musste, schrieb in sein Tagebuch: „Ich merke, dass es ein Fehler ist, wenn ich mir vornehme, eine gewisse Menge an Arbeit in einer bestimmten Zeit erledigen zu wollen. Es endet in Enttäuschung und ist nach meinem Urteil auch nicht der richtige Weg, die Dinge anzupacken. Es macht einen gegenüber Unterbrechungen und Verzögerungen ungeduldig."

Und über Stuart, die als Erzieherin sicherlich oft von einem Kind unterbrochen worden ist, wird Folgendes berichtet: „Sie empfand ein Vergnügen dabei, wenn sie ihre Pläne von unerwarteten Ereignissen durcheinandergebracht sah. […] [Ganz egal, woher die Unterbrechung kam], sie war fröhlich und dankbar dazu bereit, darin Gottes führende Hand zu sehen, und sie war bereit, sich davon leiten zu lassen."[13]

Zum Weiterlesen:
Markus 6,30-56

Gebet:

„Vater im Himmel, es frustriert mich manchmal, wenn die Dinge wegen der Kinder nicht so laufen, wie ich es geplant habe. Bitte hilf mir, solche Unterbrechungen aus deiner Hand anzunehmen und mir von dir dafür die Kraft und die Geduld schenken zu lassen. Danke, dass du aber auch immer wieder Zeiten schenkst, in denen alles flott und ohne Probleme von der Hand geht. Amen."

Tagesimpuls:

- Nimm dir für heute nicht so viel vor, dass kein Platz mehr für Unvorhergesehenes bleibt. Und wenn alles so klappt, wie du es geplant hast, dann geh nicht davon aus, dass der morgige Tag genauso reibungslos laufen muss.
- Fasse es nicht als Weltuntergang auf, wenn deine Pläne durcheinander gebracht werden, sondern sieh das als Chance, Gelassenheit zu lernen und Gott zu vertrauen.

22. Gotteskämpferin

Aber Jakob erwiderte: „Ich lasse dich nicht eher los, bis du mich gesegnet hast!" 1. Mose 32,27 HfA

Meine beiden Jungs verkleiden sich gerne. Als mein Sechsjähriger aus seinem Spidermankostüm herausgewachsen war, bat er mich darum, ihm ein neues zu kaufen. Solche Dinge kaufe ich gerne im Secondhandgeschäft, aber als ich dort nach einem größeren suchte, war leider kein passendes vorhanden.

Ich wollte gerade gehen, da erzählte der Dreijährige, den ich mitgenommen hatte, der Ladenbesitzerin, dass sich sein Bruder ein Spidermankostüm wünschen würde.

Darauf meinte die Verkäuferin: „Warten Sie! Heute Morgen ist eines reingekommen. Welche Größe brauchen Sie denn?" Das Kostüm, das sie dann aus einem Stapel Kleidung zog, war nicht nur in der richtigen Größe, sondern auch noch in einem sehr guten Zustand.

Beim Abendgebet dankte ich Gott für diesen schönen *Zufall*, mit dem er meinem Großen eine Freude gemacht hatte. Da zog mich mein Sohn am Ärmel und wollte wissen, warum ich mir so sicher war, dass Gott dieses Kostüm gerade für ihn vorbereitet hatte. War Gott nicht eher dafür zuständig, uns aus Notlagen zu retten? Die Vorstellung, dass Gott ihm einfach so etwas Gutes tun könnte, schien ihm ungewohnt. Ich schmunzelte und stellte gleichzeitig fest, dass mir dieser Gedankengang sehr vertraut vorkommt.

Obwohl ich es schon oft erlebt habe, dass Gott alltägliche Bitten erhört hat oder mir ganz ungebeten etwas Gutes schenkt, traue ich mich manchmal nicht, ihn um solche Dinge zu bitten. Noch schwieriger wird es, wenn es um wichtige Anliegen geht. Soll ich es riskieren, für die Heilung einer krebskranken Verwandten zu bitten, wenn Gott sie vielleicht nicht heilen wird? Eine Frau schrieb in einem Leserbrief an eine christliche Zeitschrift, dass es für sie keinen Sinn mehr ergibt, für einen freien Parkplatz in der Stadt zu bitten, wenn Gott ihr Flehen für das Leben ihres ungeborenen Kindes nicht erhört hat.

„Wie kann ich Gott vertrauensvoll um etwas bitten, wenn ich nicht weiß, wie er antworten wird?", ich glaube, das ist eine Frage, mit der sich viele gläubige Menschen früher oder später auseinandersetzen, insbesondere wenn es um die eigene Familie geht.

Katie Davis, Mutter von dreizehn Waisenmädchen und Entwicklungshelferin in Uganda, beschreibt in einem ihrer Bücher ihren Weg durch dieses innere Ringen um Vertrauen.[14] Sie hatte beim Aufbau ihres Hilfswerkes erlebt, dass Gott unmögliche Situationen veränderte. Aber jetzt musste sie einen Tiefschlag nach dem anderen einstecken: Eine Adoptivtochter musste zur leiblichen Mutter zurück, die mit der Pflege der Tochter nachweislich völlig überfordert war. Und zwei junge Mütter, um die Katie sich hingebungsvoll gekümmert hatte, erlagen ihrer Krankheit.

Körperlich und emotional erschöpft schreibt sie über diese Zeit: „Meine Hoffnung ist eine flackernde Flamme, die dem Wind und dem Sturm trotzt. Irgendwie wird Gott nicht zulassen, dass sie vollständig ausgeblasen wird. Er trägt mich. Auch wenn alles noch so verzweifelt wird, hat er irgendwo tief in mein Herz die Kühnheit hineingelegt zu hoffen […]. Es ist ein sonderbarer Tanz zu wissen, dass ich weiterhin an das Geheimnis von Gottes Plan glauben würde, auch wenn er Nein sagt, dass ich ihn aber trotzdem erwartungsvoll bitte, vielleicht doch Ja zu sagen."[15]

Die Antworten, die Katie Davis im Laufe der Zeit auf ihre Fragen findet, sind vielschichtig, aber wie Jakob in der Geschichte aus dem Alten Testament ringt sie im übertragenen Sinn immer wieder mit Gott.

Jakob war kein Vorzeigetyp. Als junger Mann hatte er seinen Bruder um dessen Erbe gebracht und musste deswegen in ein anderes Land fliehen. Dort heiratete er. Als die Spannungen mit den neuen Verwandten unerträglich wurden, beschloss Jakob, mit seiner eigenen Familie in seine Heimat zurückzuziehen. Jetzt stand die Begegnung mit dem ehemals hasserfüllten Bruder unmittelbar bevor, und Jakob hatte Angst um die Sicherheit seiner Frauen und Kinder. In dieser ungewissen Situation greift ein Fremder Jakob an, und ein heftiger Kampf entbrennt, an dessen Ende Jakob den oben zitierten Vers äußert. Auf irgendeine Weise muss er gespürt haben, dass er es hier nicht mit einem Menschen, sondern mit Gott selbst zu tun hat, und Jakob ist in seiner verletzlichen Lage nicht bereit, auf dessen Segen zu verzichten. Was er damit gemeint hat? Wünschte er sich die Aussöhnung mit seinem Bruder? Eine Perspektive für seine Zukunft oder Frieden über seine Vergangenheit? Auf alle Fälle erhält Jakob neben dem erwünschten Segen auch noch einen neuen Namen: Gotteskämpfer.

Ich möchte wie Jakob und Katie Davis lernen, eine solche „Gotteskämpferin[16]" zu werden. Eine Frau, die mit Gott um seinen Segen für sich und ihre Familie ringt, selbst wenn sie tief verletzt oder verunsichert ist und Gottes Handeln nicht versteht. Und ich wünsche mir für meine beiden Kinder, dass sie in ihrem Leben ebenfalls ein solches Vertrauen zu Gott entwickeln können und ihren Weg auch durch Krisen hindurch mit ihm gehen.

Zum Weiterlesen:
1.Mose 32,23-33

Gebet:

„Vater im Himmel, du kennst mich und meine Zweifel, wenn ich zu dir bete. Bitte hilf mir, trotzdem an dir festzuhalten und dir offen zu sagen, was mich bewegt. Hilf mir, mit dir zu ringen und dich um Antworten auf die Fragen zu bitten, die mich am meisten umtreiben. Danke, dass du vor solchen „Gotteskämpfern" nicht zurückweichst, sondern deinen Segen auf sie legst. Amen."

Tagesimpuls:

- Was löst die Vorstellung in dir aus, „mit Gott zu kämpfen"? Darf man das? Oder umgekehrt gefragt: Warum muss man das vielleicht sogar? Wenn du Zweifel hast, ob das wirklich in Ordnung ist, dann lies einen der folgenden Klagepsalmen: Psalm 22, Psalm 44, Psalm 88 oder Psalm 141.

23. Wenn Gott kaputte Heizungen repariert

Überlasst all eure Sorgen Gott, denn er sorgt sich um alles, was euch betrifft! 1. Petrus 5,7; NLB

Es war ein Märzwochenende, und die ganze Familie war an der Grippe erkrankt. Der Zweijährige und ich waren bereits einigermaßen über den Berg, aber mein Mann und unser Fünfjähriger lagen mit 40°C Fieber im Bett. Gegen Nachmittag wurde es im Haus seltsamerweise immer kühler, sodass ich einem Impuls folgend nach der Heizung schaute. Sie war ausgefallen. Na prima! Und das ausgerechnet an einem Sonntag und mit einer Familie, in der alle angeschlagen waren.

Meine Versuche, den Brenner durch einen Neustart wieder zum Laufen zu bringen, halfen nicht weiter. Also rief ich unseren Installateur an. Innerhalb von 45 Minuten stand der gute Mann in unserem Keller und kümmerte sich um das Problem. Noch einmal 30 Minuten später war er wieder verschwunden, und die Heizung brummte beruhigend vor sich hin. Wie dankbar war ich, dass wir die Nacht nicht in einem ausgekühlten Haus verbringen mussten! Während ich noch über das Tempo staunte, in dem das alles passiert war, fiel mir eine Begebenheit ein, der ich bislang nicht viel Bedeutung beigemessen hatte. Doch jetzt, nach der schnellen Reparatur, wurde mir klar, dass Gott um den kommenden Ausfall unserer Heizanlage gewusst und vorgesorgt hatte.

Denn einige Wochen zuvor hatte ein Angestellter unseres Heizungsbauers bei uns geklingelt, um sich unsere Anlage anzuschauen. Ich war etwas irritiert, da ich keinen Termin mit ihm vereinbart hatte. Da jedoch die jährliche Wartung der Heizung um diese Zeit herum fällig war und es bei Handwerksunternehmen hinsichtlich der Terminvergabe manchmal etwas chaotisch zugeht, dachte ich mir nichts weiter dabei und ließ ihn herein.

Etwa eine halbe Stunde später hörte ich den Handwerker dann leicht genervt mit der Sekretärin der Geschäftsstelle telefonieren. Ja, das Navi habe ihn an die falsche Adresse geschickt und ja, das sei blöd gelaufen, und ja, er würde so schnell wie möglich zu dem wartenden Kunden fahren. Es stellte sich heraus, dass er eigentlich zu einem Haus weiter oben in der Straße hätte fahren sollen, in dem die Heizung tatsächlich defekt war. Da er nun aber in der Zwischenzeit versehentlich unsere kontrolliert hatte, war ihm ein beschädigtes Teil aufgefallen, für das er Ersatz besorgen wollte. Grummelnd verließ er unseren Keller, um seinem eigentlichen Auftrag nachzukommen.

Danach hörte ich weder von ihm noch von dem Ersatzteil irgendetwas. Als später dann unsere Heizung aber ausfiel, stand der Chef des Familienunternehmens mit genau diesem Ersatzteil in der Tür und konnte den Fehler zügig beheben. Ich weiß nicht, ob das auch möglich gewesen wäre, wenn sein Angestellter sich einige Zeit zuvor nicht in der Adresse geirrt hätte. So hatte Gott durch diesen menschlichen Irrtum dafür gesorgt, dass wir an einem Wintertag nicht frieren mussten und meine angeschlagenen Nerven nicht noch zusätzlich strapaziert wurden.

Ich staune immer noch, wenn ich an diese Geschichte denke. Bei all den großen und kleinen Problemen, die es in dieser Welt gibt, hatte Gott unsere Heizungsanlage im Blick. Und ganz ehrlich: Es wäre zwar unangenehm für uns gewesen, die Nacht in einem kalten Haus zu verbringen, aber wir hätten es im wahrsten Sinne des Wortes überlebt. Gott hätte es uns also durchaus zumuten können, einen Tag lang auf die Reparatur zu warten.

Mich ermutigt dieser Vorfall, darauf zu vertrauen, dass Gott unsere Familie und ihre Bedürfnisse sieht und sich darum kümmert. Es ist mir klar, dass er das nicht immer auf eine so schnelle und unkomplizierte Art und Weise macht. Manchmal mutet er uns über eine lange Zeit schwierige Situationen zu, ohne direkt und offensichtlich einzugreifen. Ich wünsche mir, dass mich diese Heizungsgeschichte in einer solchen Lage daran erinnert, dass wir Gott als Familie sehr wohl wichtig sind und dass er uns nicht vergessen hat.

Zum Weiterlesen:
Psalm 115

Gebet:
„Vater im Himmel, die Anliegen meiner Familie kommen mir angesichts der Krisenherde dieser Welt manchmal zu unscheinbar vor, um dich damit zu *belästigen*. Aber du forderst uns dazu auf, dir *alles* anzuvertrauen, was uns Sorgen macht. Danke, dass dir die großen und kleinen Nöte unserer Familie wichtig sind! Danke, dass du uns darin ganz konkret deine Liebe zeigst! Danke, für all die Situationen, in denen wir deine Hilfe erlebt haben. Amen."

Tagesimpuls:
- Psalm 115 beschreibt Gott als einen Gott, der – im Gegensatz zu toten Götzen – sieht, redet, hört, zupackt und an uns denkt. Welches Problem möchtest du ihm heute gerne überlassen?

- Sprich mit Gott im Gebet darüber. Vielleicht fällt dir auch ein Erlebnis ein, wo Gott sich um deine Kinder, deinen Mann oder dich selbst gekümmert hat und für das du ihm danken möchtest?

24. Kleiner Herr Nimmersatt

Sei zufrieden mit dem, was du hast, und verlange nicht ständig nach mehr, denn das ist vergebliche Mühe – so als wolltest du den Wind einfangen. Prediger 6,9; HfA

Was ist mit meinem Großen los? Aus einem kleinen Jungen, dessen Augen bei der geringsten Aufmerksamkeit vor Freude strahlten, ist ein kleiner Herr Nimmersatt geworden. Wenn wir gemeinsam einkaufen, zieht es ihn im Supermarkt unweigerlich zu den Matchboxautos oder den Kinderzeitschriften mit den Gimmicks hin. Jedes Mal entdeckt er dabei etwas, das er unbedingt haben muss. Auf meinen Hinweis, dass er doch erst kürzlich etwas bekommen habe, kommt standardmäßig die Antwort: „Das ist schon sooo lange her!"

Aus der Sicht eines Kindes ist diese Aussage wahrscheinlich sogar wahr: Die Halbwertszeit von Kindergeschenken scheint überdurchschnittlich kurz zu sein, denn das ersehnte Auto oder Kuscheltier liegt nach zwei Tagen unbeachtet bei allen anderen Spielsachen.

Während ich mich wieder einmal über das ständige Habenwollen meines Sohnes ärgere, dämmert mir die unangenehme Erkenntnis, dass ich als Erwachsene gar nicht viel anders bin: Das eine Renovierungsprojekt am Haus ist gerade erfolgreich abgeschlossen, da blicke ich schon wieder unzufrieden auf die unfertigen Ecken, die wir angehen müssten. Das wöchentliche Bombardement an Werbezeitschriften stürzt mich gefühlt in einen Kaufrausch, weil es so viele schöne Dinge zum günstigen Preis gibt. Hand aufs Herz: Das meiste davon brauche ich nicht wirklich, und auch bei mir steht es entweder dekorativ in einer Ecke und verstaubt oder landet in einem schon gut gefüllten Schrank.

Aber nicht nur unser Haus füllt sich auf diese Weise mit unnötigen Gegenständen. Meine Gedanken werden von Einkaufsplänen und Hausverschönerungswünschen auf Trab gehalten, und mein Kalender richtet sich nach den Öffnungszeiten von Supermarkt- und Bauhausketten. Ist es das wert? Eigentlich nicht. Eigentlich möchte ich einen Lebensstil pflegen, bei dem ich das genieße, was ich habe. Ich möchte die Menschen und Dinge in meinem Leben wertschätzen und dankbar für sie sein, ohne ständig nach etwas Neuem, Besserem, Aufregenderem Ausschau zu halten. Ich will nicht, dass mein Herz so von materiellen Dingen in Beschlag genommen wird, dass darin kein Raum mehr bleibt für Wesentliches: meinen Mann, meine Kinder, Freundschaften, meine Beziehung mit Gott, Stille, um auf ihn zu hören.

Ich möchte, dass mein Sohn Zufriedenheit lernt, aber genauso muss ich mich selbst immer wieder dafür entscheiden. Das ist nicht nur eine Prinzipienfrage oder eine des Umweltschutzes, sondern auch eine des Lebensglücks. Denn wenn ich mich von äußeren Dingen abhängig mache, werde ich nie das erfüllte Leben ergreifen, das Gott mir bereits im Hier und Heute geschenkt hat. Mein Blick wird dann immer auf einen Punkt in der Zukunft gerichtet sein, an dem ich endlich alles habe, was ich gerne hätte.

Jesus hinterfragt diese Lebenshaltung sehr kritisch, wenn er sagt: „Was hat ein Mensch denn davon, wenn ihm die ganze Welt zufällt, er selbst dabei aber seine Seele verliert? Er kann sie ja nicht wieder zurückkaufen!" (Matthäus 16,26, HfA). Materieller Wohlstand wird uns nicht das geben, wonach wir uns tief im Herzen sehnen, und ich fürchte, wir erweisen unseren Kindern einen Bärendienst, wenn wir sie bewusst oder unbewusst mit dieser Einstellung aufwachsen lassen.

Das bedeutet im Umkehrschluss nicht, dass wir ausgemergelte Asketen werden müssen. Wir sollen unser Leben genießen und unseren Kindern und uns Gutes gönnen. Gott selbst ist der Erste, der uns mit unerwarteten (und unnötigen) Kleinigkeiten gerne eine Freude macht. Aber vielleicht darf es ab und zu einfach ein bisschen weniger sein, mit dem wir uns zufriedengeben.

Zum Weiterlesen:
Philipper 4,10-20

Gebet:
„Vater im Himmel, wir leben in einem Land der tausend Möglichkeiten, in dem so vieles nach unserer Aufmerksamkeit schreit und uns glücklich machen will. Ich möchte mich nicht mit der Jagd nach unzähligen Dingen aufreiben. Hilf mir, den Blick für das wirklich Wichtige in meinem Leben nicht zu verlieren und zufrieden zu sein mit dem, was ich bereits habe. Amen."

Tagesimpuls:
- Frage dich bewusst, ob du ein Produkt tatsächlich brauchst, wenn du das nächste Mal bei den Supersonderangeboten zugreifen willst oder wenn Amazon & Co dir einen Artikel vorschlagen, „der Sie auch interessieren könnte".
- Mein ganz persönlicher Tipp: Wenn du etwas nicht brauchst, aber die Kaufversuchung zu groß wird, dann wiederhole immer wieder in einer Art Singsang folgenden Satz: „Das brauch ich nicht! Das brauch ich nicht!" Du wirst dabei nicht nur über

dich selbst lachen müssen, sondern kannst den Gegenstand dabei ganz beschwingt zurücklegen oder die Internetseite wegklicken. Als Bonus erhältst du kostenlos das schöne Gefühl, bares Geld gespart und dem Familienbudget etwas Gutes getan zu haben.

25. Back to work

Überlass dem Herrn die Führung deines Lebens und vertraue auf ihn, er wird es richtig machen. Psalm 37,5; NLB

Es ist so weit: Während ich diesen Text schreibe, ist es noch einen Monat hin, bis ich nach drei Jahren Elternzeit wieder anfangen werde zu arbeiten. Beim Gedanken daran muss ich tief Luft holen. Werde ich wieder gut in meine Aufgaben hineinwachsen? Was hat sich im Büro verändert? Was wird der neue Rhythmus mit uns als Familie machen, insbesondere, wenn der Große im Sommer in die Schule kommt?

Ich muss gestehen, dass ich es nicht eilig damit habe, wieder ins Erwerbsleben einzusteigen, auch wenn ich mich auf die Teilzeitstelle freue. Ich bin dankbar, dass ich für die Kinder die lange Auszeit aus meinem Beruf nehmen konnte, und habe die Zeit zu Hause genossen: die Möglichkeit, mir meinen Tag selbst einzuteilen und die Nachmittage gemeinsam mit den Kindern zu erleben, ein krankes Kind ohne zusätzlichen Organisationsaufwand betreuen zu können, mit den beiden spontan für eine Woche zu meinen Eltern fahren zu können und, und, und. Mit zwei Kindern, einem Haus und einem großen Garten wurde es mir trotzdem nicht langweilig, und bei den vielen Warum-Fragen meiner Jungs habe ich mich auch intellektuell nicht unterfordert gefühlt.

Allerdings hatten mein Mann und ich bereits ein Jahr zuvor schon einmal überlegt, ob ich mit einigen Stunden wieder in meine Arbeit einsteigen sollte. Eine leise innere Stimme mahnte mich zwar, noch zu warten, aber ich ignorierte sie – vielleicht unter dem Eindruck, dass es cooler wäre, wie die meisten Mütter wieder *außer Haus* einer Tätigkeit nachzugehen.

Nachdem ich bereits mit meinem Arbeitgeber gesprochen hatte, musste ich aber einen Rückzieher machen: Die häufigen und teils schweren Infekte unseres Jüngsten forderten auch ohne eine weitere Belastung unseren vollen Einsatz. Ich erzähle das nicht, um eine Debatte darüber loszutreten, wann der beste Zeitpunkt für einen Wiedereinstieg in den Job ist. Stattdessen möchte ich Mut machen, Gott auch in dieser Frage um seine Führung zu bitten (und darauf zu hören ...).

Unsere eigene Erfahrung hat mir neu deutlich gemacht, dass es ein Vorrecht ist, dass wir als Christen die Möglichkeit haben, Gott um seine Leitung zu bitten. Es entlastet uns als Eltern, dass die Verantwortung für unsere Familie nicht nur auf unseren Schultern liegt. Denn sehr oft wissen wir wirklich nicht, was das Beste für uns und unsere Kinder ist, und fühlen uns überfordert von den vielen Möglichkeiten, aus denen wir wählen können. Gott die Führung zu überlassen, bedeutet dabei nicht, eigene Pläne und Wünsche zu ignorieren. Es geht vielmehr darum, mit Gott über all diese Gedanken zu reden und ihn um Rat zu bitten. Als Schöpfer kennt er uns, unsere Kinder und unsere Fähigkeiten und Grenzen am besten, und er kann die Faktoren überblicken, die wir alleine nicht abschätzen können.

David, ein Liederdichter und Verfasser des heutigen Tagesverses, ist ein Beispiel dafür, wie das praktisch aussieht. Er hatte von Gott die Zusage bekommen, dass er der nächste König Israels sein würde. Allerdings dachte der aktuelle König, der sich nicht als sonderlich fähig erwiesen hatte, keineswegs ans Abdanken. David, ein mutiger, erfahrener Kämpfer, hätte die Sache mit seinen Männern selbst in die Hand nehmen können. Er wollte sich aber nicht zu einem

Königsmord hinreißen lassen, also wartete er und überließ Gott das Handeln.

Wer Davids Geschichten liest, merkt, dass das kein einfacher Weg war. David brauchte viel Geduld und erlebte eine Menge Widerstand, bis Gottes Zusage schließlich wahr wurde. Trotzdem war David sich bei allen Schwierigkeiten sicher, dass Gott ihn führt und dass er sich auf ihn verlassen kann.

Wenn wir Gott um seine Führung bitten, bedeutet das nicht, dass ein Zettel mit genauen Anweisungen vom Himmel fällt oder dass er alle Hindernisse über Nacht aus dem Weg räumt. Wenn es doch einmal passiert, ist das eher außergewöhnlich und ein sichtbares Zeichen für Gottes Handeln in unserem Leben. Aber Gott führt uns auch dann, wenn wir um den richtigen Weg für uns und unsere Familie ringen müssen.

Es geht bei Gottes Führung auch nicht um das maximale Wohlfühlprogramm für uns und unsere Lieben. Das wäre im Blick auf die vielen Krisenherde dieser Welt und die Menschen, die darunter leiden, eine sehr zynische und egoistische Erwartungshaltung. Was wir aber von Gott erwarten dürfen, ist, dass er uns in und durch alle Umstände unseres Lebens begleitet, uns segnet und uns zum Segen für andere setzen will. Das dürfen wir für uns und unsere Kinder in Anspruch nehmen – nicht nur, aber auch in der Frage, wann wir unseren Vollzeitjob als Mama wieder mit einem in der *normalen Arbeitswelt* ergänzen oder eintauschen.

Zum Weiterlesen:
Psalm 37,1-11

Gebet:

„Vater im Himmel, danke, dass wir dich darum bitten dürfen, unser Leben bei wichtigen Entscheidungen in die richtige Richtung zu lenken. Hilf uns, auf dich zu hören und dich in unsere Lebensplanung einzubeziehen. Amen."

Tagesimpuls:

Wenn man sich mit der Frage nach dem beruflichen Wiedereinstieg beschäftigt, spielen viele Faktoren bei der Entscheidung mit. Die finanzielle Seite spielt eine Rolle und die Frage nach der persönlichen Lebensgestaltung. Familien mit chronisch kranken oder behinderten Kindern, sowie alleinerziehende Mütter stehen diesbezüglich vor ganz eigenen Herausforderungen. Folgende Fragen können eine Hilfestellung für eine Entscheidung bieten:

- Was ist meine Motivation dafür, zu Hause zu bleiben/wieder arbeiten zu gehen?
- Wie steht mein Partner zu der Entscheidung? Vielleicht findet er es gut oder es besteht die Möglichkeit, dass er reduziert, um mir den Rücken freizuhalten?
- Welches Ausmaß und welche Form an Fremdbetreuung tun meinem Kind voraussichtlich gut?
- Wie erlebt mein Kind den Tag in der Kita oder bei der Tagesmutter? Ist es ausgeglichen und zufrieden oder wirkt es überfordert?
- Welche organisatorischen, emotionalen oder finanziellen Aspekte gilt es miteinander abzuwägen?
- Welche Möglichkeiten habe ich/haben wir, mögliche Krankheitszeiten meines Kindes aufzufangen?

- Gibt es neben dem früheren Beruf andere Tätigkeiten, die ich ausüben könnte und die ein Zusammenspiel zwischen Familie und Job leichter machen würden? (Manche Mütter erfüllen sich in dieser Phase einen lang gehegten Traum, was Beruf oder Weiterbildung angeht – oder sie schreiben ein Buch ...)
- Wenn ich in 10, 15, 35 Jahren auf die Zeit als junge Familie zurückblicke, welche Erinnerungen möchte ich dann für mich und meine Kinder haben und welche Ziele möchte ich erfüllt sehen?
- Was sagen mir meine innere Stimme und der Heilige Geist, wenn ich mit Gott über diese Frage rede?

26. Vom Wert einer D-Mark

Jedes dritte Jahr sollt ihr den gesamten zehnten Teil eurer Ernte den Leviten, den Ausländern, den Waisen und Witwen in euren Städten geben, damit sie genug zu essen haben. 5. Mose 26,12; HfA

Ich erinnere mich gut an eine kleine Begebenheit, die sich in meiner Kindheit regelmäßig sonntags abspielte: Mein Vater legte mir eine silbern glänzende D-Mark in die Hand, um die sich meine Finger schützend schlossen, damit ich sie später in meine Rock- oder Hosentasche wandern lassen konnte. Dann machte ich mich fröhlich auf den Weg zum Kindergottesdienst in unserer Dorfkirche oder besuchte als älteres Kind mit meinen Eltern gemeinsam den Gottesdienst. Immer dabei war diese Münze, die später in die Spardose des Kindergottesdienstes oder in den Kollektenteller am Ausgang der Kirche wanderte. Auch als kleines Kind verstand ich, dass dieses Geld entweder für Menschen bestimmt war, denen es nicht so gut ging wie uns oder für den Unterhalt der Kirche einen Beitrag leistete, und es machte mich auf kindliche Weise stolz, dabei mitzuhelfen.

Ich kann mich auch daran erinnern, dass meine Mutter mir gegenüber in meiner Teenagerzeit manchmal erwähnt hat, dass sie als Christen einen Teil ihres Einkommens regelmäßig spenden. Ich habe auch die eine oder andere Predigt darüber gehört – tief in meinem Innern hängen geblieben ist mir aber ganz besonders dieses eine D-Mark-Stück, das ich jeden Sonntag bekam, um es abzugeben.

Im Rückblick glaube ich, dass meine Eltern mit diesem kleinen Ritual in mir eine innere Haltung geprägt haben, die mich bis heute begleitet. Ich lernte dabei ganz selbstverständlich und nebenbei, dass Gott möchte, dass wir von unserem Geld etwas abgeben, um andere zu unterstützen.

Die Bibel nennt dieses Prinzip den *Zehnten,* und es ist so alt wie die Geschichte Gottes mit seinem Volk. Gott forderte die Israeliten dazu auf, mit dem zehnten Teil ihres Einkommens neben Ausländern, Witwen und Waisen auch die Leviten zu unterstützen – eine Gruppe, die hauptamtlich für den Gottesdienst zuständig war. Im Hintergrund steht dabei immer der Gedanke, dass Gott sein Volk versorgt und es ihm ermöglicht, etwas von seinem Besitz abzugeben. Letztlich gehört Gott diese ganze Welt mit all ihren Reichtümern, und wir sollen so damit umgehen, dass auch andere etwas davon haben.

An diesem Grundgedanken hat sich bis heute nichts geändert, auch wenn wir in der Regel nicht einen Teil unserer Rinder oder Weizenernte abgeben, sondern eine Überweisung vom Gehaltskonto tätigen. Dabei ist nicht die Zahl auf dem Überweisungsträger entscheidend, sondern unsere Herzenseinstellung und das, was wir von unserem Familienbudget her verantworten können (Markus 12,41-44).

Heute sind mein Mann und ich diejenigen, die unseren Jungs vor dem Gottesdienst ein Geldstück in die Hand drücken und hoffen, dass diese Saat aufgeht und die beiden das Prinzip des Gebens lernen. Eine andere schöne Idee, um Kindern nicht nur das Teilen, sondern auch grundsätzlich den Umgang mit Geld beizubringen, las ich bei Jennifer Polimino.

Sie beschreibt, wie ihre zwei Kinder etwa ab dem vierten Lebensjahr jeweils drei Umschläge erhielten, auf denen „Sparen", „Spenden" und „Spaß" stand. Erhielten die beiden Geld, durften sie selbst entscheiden, in welchen Umschlag sie es steckten. Als Familie schauten sie sich dann gemeinsam die Projekte an, die sie mit dem gesparten Geld unterstützen wollten.[17]

Wem das zu *schwäbisch* klingt, der kann seine Kinder dabei einbeziehen, wenn er sich für die örtliche Tafel oder die Kirchengemeinde einsetzt. Kleinere Kinder können dabei helfen, Geschenke für die Aktion *Weihnachten im Schuhkarton* oder Ähnliches auszusuchen, oder man unterstützt als Familie ein Patenkind und schaut sich gemeinsam in einem Kinderatlas dessen Herkunftsland an und mit welchen Problemen die Menschen dort zu kämpfen haben.

Wenn du eine Missionarsfamilie kennst und unterstützt, kannst du das Gleiche mit deren Einsatzland machen und eine Fotocollage als sichtbare Erinnerung gestalten. Wir sind so oft kreativ, wenn es darum geht, unseren Kindern etwas beizubringen. Lass es uns auch in diesem Bereich sein, der Gott so offensichtlich am Herzen liegt.

Zum Weiterlesen:
2. Korinther 9,6-12

Gebet:
„Vater im Himmel, vielen Dank, dass du uns mit allem Lebensnotwendigen versorgst. Hilf uns, in unserem Umgang mit Geld die Dinge nicht zu vergessen, die dir wichtig sind. Zeige mir, wie ich meinen Kindern darin ein gutes Vorbild sein kann. Amen."

Tagesimpuls:
- Gibt es ein Spendenprojekt, das du besonders gerne unterstützt? Vielleicht kannst du bei der betreffenden Organisation nach (kindgerechtem) Informationsmaterial fragen und damit an einem regnerischen Nachmittag ein Plakat gestalten.

- Falls du anfangen möchtest, eine bestimmte Organisation oder ein Projekt regelmäßig zu unterstützen, findest du meistens Hinweise und Möglichkeiten dazu auf der betreffenden Webseite.

- Manchmal geht es vielleicht auch einfach nur darum, etwas von unserer Zeit, unseren Koch- oder Dekofähigkeiten oder unserem Organisationstalent mit dem zu teilen, der etwas davon braucht.

- Lass dich in dieser Frage nicht von einem schlechten Gewissen leiten oder einem Ich-müsste-aber, sondern sprich mit Gott offen darüber, was für dich und deine Familie möglich ist.

27. Meine 60-Grad-Wäsche und das Geheimnis von Ostern

Doch wenn wir unsere Sünden bekennen, erweist Gott sich als treu und gerecht: Er vergibt uns unsere Sünden und reinigt uns von allem Unrecht, das wir begangen haben. 1. Johannes 1,9; NGÜ

Es ist Montagmorgen, die Sonne scheint, und eine der ersten Aufgaben der neuen Woche besteht darin, im Keller eine Ladung Wäsche in die Waschmaschine zu schmeißen. Es ist ein gutes Gefühl, dass diese dort zuverlässig drehend unsere Kleidung oder Bettwäsche säubert, während ich anderen Dingen nachgehe. Denn Schmutzwäsche gehört leider zu den Dingen im Haushalt, die in einem ewigen Kreislauf wiederkehren.

Manchmal stelle ich mir vor, ich müsste noch mit Lauge, heißem Wasser und einem Scheuerbrett den Schmutz entfernen, und dann bekomme ich ganz warme Gefühle für unsere Maschine (aus dem gleichen Grund bin ich für Spülmaschine, Staubsauger, Dampfbügeleisen und die Erfindung der Kopfschmerztablette sehr dankbar). Ich bin immer wieder fasziniert davon, wie sauber die Lätzchen meines Jüngsten aus der 60-Grad-Wäsche herauskommen. Jedes Mal, wenn ich überzeugt davon bin, dass sich Kakaoflecken, Kürbissuppe und angetrocknete Speisereste dieses Mal garantiert nicht restlos entfernen lassen, lege ich nachher doch wieder einen sauberen Schlabberlatz in den Schrank.

Als ich vor einiger Zeit eines dieser frisch gewaschenen Exemplare für eine neue Runde Essensreste und Schmutzfinger an den Hochstuhl des Kleinen hängte, wurde mir bewusst, dass die sauberen Lätzchen ein guter Vergleich für Gottes Vergebung sind. Ich kann mir oft nicht vorstellen, dass Gott mir meine Schuld völlig vergeben kann oder will. Theoretisch weiß ich zwar, dass das eine Kernaussage des christlichen Glaubens ist. Innerlich habe ich trotzdem einen Gott vor Augen, der meine negativen Taten auf einem Konto verbucht und dessen Meinung über mich im Lauf der Zeit immer schlechter wird.

Als Mutter häufen sich gefühlt die Eintragungen auf diesem Konto: Immer wieder war ich zu ungeduldig mit meinen Kindern und habe sie ungerechtfertigterweise angefahren. Nicht selten habe ich meinen Mann mit spitzen Aussagen verletzt. Nicht selten habe ich abwertend oder urteilend über andere Mütter gedacht. Steht Gott zu seiner Zusage und vergibt mir das wirklich, wenn ich ihn darum bitte? Was ist mit dem Schaden, den ich dabei angerichtet habe?

Gleichzeitig merke ich, wie sehr ich Gottes Vergebung brauche. Denn wenn ich meine Schuld und mein Versagen innerlich mit mir herumtrage, wird die emotionale Last immer schwerer und ich habe nicht die Kraft, meine Aufgabe als Mama jeden Morgen zuversichtlich in Angriff zu nehmen.

Interessanterweise ist die Bibel voll mit Geschichten von Männern und Frauen, die zum Teil jämmerlich versagt haben und doch Gottes Vergebung erleben konnten: David hat Ehebruch begangen, Rebekka zog einen ihrer Söhne dem anderen vor, Petrus hat Jesus verleugnet, Saulus hat Christen verfolgt, die Frau am Jakobsbrunnen hatte eine Männergeschichte nach der anderen, und Evodia und Syntyche drohten mit ihrer Streiterei eine Kirchengemeinde zu spalten.

Es ist buchstäblich die frohe Botschaft des Neuen Testamentes, dass Jesus gekommen ist, um uns Menschen unsere Schuld zu vergeben, indem er sie stellvertretend auf sich nahm. Das feiern Christen in der Passionszeit. Beim Abendmahl an Gründonnerstag oder Karfreitag erinnern sie sich zum Beispiel daran, wenn sie Jesu Worte hören, mit denen er dieses Symbol kurz vor seinem Tod eingeführt hat: „Anschließend nahm er einen Becher Wein, dankte Gott und reichte ihn seinen Jüngern: ‚Trinkt alle daraus! Das ist mein Blut, mit dem der neue Bund zwischen Gott und den Menschen besiegelt wird. Es wird zur Vergebung ihrer Sünden vergossen.'" (Matthäus 26, 27-28; Hfa) Am Ostersonntag feiern Christen dann nicht nur den Sieg über den Tod, sondern auch den über alles Böse und Zerstörende.

Gott will unsere schmutzige Wäsche waschen. Und er tut es nicht, um uns bloßzustellen oder kleinzuhalten, sondern weil er uns einen Neuanfang ermöglichen will. Dass die Folgen meines Fehlverhaltens damit nicht unbedingt unter den Tisch fallen, ist das eine. Aber genauso gilt, dass Gottes Vergebung etwas ist, das wir täglich in Anspruch nehmen dürfen und das sich sehr real auf unseren Alltag auswirkt. Gott geht sogar so weit, dass er verspricht, nicht mehr an unsere Schuld zu denken (Hebräer 8,12).

Ich möchte immer mehr lernen, Gottes Vergebung anzunehmen, wenn ich sie nötig habe. Die sauberen Lätzchen im Schrank sind dafür eine schöne Erinnerung.

Zum Weiterlesen:
Hebräer 4, 14-16

Gebet:
„Vater im Himmel, du weißt, wo ich an meinen Kindern schuldig geworden bin [Wenn du magst, nenne hier ganz konkrete Dinge]. Bit-

te vergib mir dieses Verhalten und wende möglichen Schaden von meinen Kindern ab! Danke, dass du mich von Schuld freisprichst. Schenke mir auch die Kraft, mich zu verändern. Amen."

Tagesimpuls:

- Gibt es ein Beispiel in der Bibel, das du ganz besonders eindrücklich findest, wenn es darum geht, wie Gott Schuld vergibt?
- Was genau fasziniert dich daran, und was kannst du daraus für deinen eigenen Umgang mit dem Thema Schuld und Versagen als Mutter mitnehmen?

28. Ehe unser Kind uns scheidet

Einer kann leicht überwältigt werden, doch zwei sind dem Angriff gewachsen. Man sagt ja auch: „Ein Seil aus drei Schnüren reißt nicht so schnell!" Prediger 4,12; HfA

Es ist ein offenes Geheimnis, dass Kinder nicht nur Krönung, sondern auch Herausforderung für eine Partnerschaft sind. Die meisten jungen Mütter und Väter sind überrascht, überfordert oder sogar geschockt davon, welche Eigendynamik ein Leben mit Baby oder Kleinkindern entwickelt und was das für ihre Beziehung bedeutet. Dazu kommt, dass sich junge Familien heute nicht mehr unbedingt auf die Unterstützung der Großfamilie verlassen können, weil Oma und Opa, Onkel, Tanten oder beste Freunde oft Hunderte von Kilometern entfernt wohnen. Da ist es nicht drin, dass sie für einen Arzttermin, einen Friseurbesuch oder einen gemeinsamen Kinobesuch vorbeikommen und auf die Kleinen aufpassen. Stattdessen muss jeder Termin sorgfältig geplant werden, und für den Abend zu zweit muss ein Babysitter organisiert und bezahlt werden.

Ich erinnere mich noch gut an die Aussage einer unserer Hebammen, dass früher in jedem Haushalt eine Oma oder Uroma hinterm Ofen saß und das Baby geschaukelt hat, wenn die Mutter einmal etwas anderes machen musste. Heute müssen junge Eltern oft ohne diese Unterstützung klarkommen – und gleichzeitig dafür sorgen, dass ihre Beziehung nicht auf der Strecke bleibt.

Wie gelingt das? Ich habe dafür keine fertige Antwort, sondern eher Vorschläge, die wir als Paar anzuwenden versuchen oder die ich von Bekannten gehört habe. Manches davon lässt sich schnell umsetzen, für andere Dinge braucht es kontinuierliche Arbeit an sich selbst. Hier kommt eine Liste mit zehn möglichen Tipps zur Beziehungspflege in einer Ehe während der Kleinkindphase, die sich vielleicht sehr theoretisch anhören, aber durchaus positive Auswirkungen haben:

1. *Seid nicht geizig!* Ein Babysitter oder ein Ehewochenende kosten Geld – eine Scheidung aber auch. Wenn es irgend möglich ist, investiert in regelmäßige Auszeiten zu zweit, sobald die Kleinen alt genug dafür sind. (Liebe Männer, wenn ihr das lest: Ergreift die Initiative und organisiert solche Auszeiten! Ihr glaubt gar nicht, wie sehr sich eure Partnerin dadurch geliebt und wertgeschätzt fühlt.)

2. *Lacht gemeinsam!* Das Baby schläft endlich? Dann diskutiert nicht, welche Kita die beste wäre, sondern schaut eine DVD an und fühlt euch mal wieder unbeschwert.

3. *Bleibt im Gespräch!* Es ist seltsam, wie sprachlos man sich nach einer Weile als Paar fühlt, wenn das Gespräch sich nicht um die Kinder oder organisatorische Dinge dreht. Uns haben Fragekarten für Paare geholfen, die Oberflächlichkeit zu durchbrechen und tiefer ins Gespräch zu kommen.[18]

4. *Nicht rechnen, sondern respektieren!* Wie schnell rechnet man gegenseitig auf, was man selbst leistet und wie wenig der andere angeblich zum Familienleben beiträgt. Besser ist es, den anderen für das zu respektieren, was er tut, und ihm dafür öfter mal Danke zu sagen. Das gilt vor allem für uns Frauen. Wir haben schnell den Eindruck, den Löwenanteil für Familie und Partnerschaft zu leisten, und schätzen dann nicht mehr wert, was der Mann leistet.

5. *Kommuniziert ehrlich.* Es bringt nichts, Bedürfnisse immer runterzuschlucken. Sagt einander, wo ihr frustriert seid. Selbst wenn sich nicht sofort eine Lösung findet, nimmt das den größten Druck erst einmal aus der Beziehung raus.

6. *Macht das Kind nicht zum König.* Unsere Kinder brauchen uns und je kleiner sie sind, desto weniger können ihre Bedürfnisse aufgeschoben werden. Ein Zwei- bis Dreijähriger und erst recht ein älteres Kind können aber verstehen (lernen), dass auch Mama und Papa mal eine Auszeit brauchen. Übt das mit den Kindern ein – und genießt als ganze Familie die positiven Auswirkungen davon.

7. *Schaltet Handy, TV und PC aus.* Es spricht nichts dagegen, auch mal einen Abend zu verdaddeln, denn manchmal ist man für alles andere zu müde. Wenn das aber zum Standardprogramm wird, sollte man überlegen, wie man die Abende wieder stärker gemeinsam verbringen kann.

8. *Haltet euch gegenseitig den Rücken frei.* Wenn dein Partner die Champions-League braucht, um runterzukommen, dann gönne sie ihm. Wenn du nach einem Tag mit kranken Kindern zu Hause abends einen Spaziergang brauchst, dann mache ihn – die liegen gebliebene Wäsche hat am nächsten Tag weder Rückenschmerzen noch schlechte Laune.

9. *Lasst eure Sexualität und Zärtlichkeit nicht einschlafen.* Gerade in der Babyphase kann das im wahrsten Sinne des Wortes passieren. Versucht in dieser Durststrecke die Ansprüche nicht zu hoch zu hängen und Möglichkeiten der Intimität zu suchen, die beiden guttun. Sprecht auch hier offen über Ängste und Bedürfnisse. Und liebe Männer: Habt Geduld mit euren Frauen.

10. *Betet für eure Partnerschaft.* Wir haben in unserer Beziehung mehr als eine Phase erlebt, in der wir nicht weiterwussten. Wenn wir deswegen alleine oder gemeinsam gebetet haben –

manchmal um Worte ringend, manchmal wütend oder verletzt –, hat es das Problem nicht schlagartig gelöst, aber Gott hat uns Wege geöffnet, damit wir wieder eine gemeinsame Grundlage sahen, auf der wir weitermachen konnten. Wir dürfen mit Gott als *Drittem im Bunde* rechnen – er ist die oben erwähnte dritte Schnur, die das Eheseil reißfester macht.

Zum Weiterlesen:
Prediger 4,7-12

Gebet:
„Vater im Himmel, du kennst die Knackpunkte unserer Beziehung und warum ich manchmal unzufrieden damit bin. Bitte zeige mir Wege aus dieser Unzufriedenheit heraus, und hilf uns, bewusst in unsere Ehe zu investieren. Schütze und segne du bitte unsere Partnerschaft! Amen."

Tagesimpuls:
- Wenn du möchtest, dann überlege mit deinem Partner, welche der zehn Tipps ihr in der nächsten Woche umsetzen wollt.
- Alternativ könnt ihr eure eigene Liste erstellen und euch daraus ein Wochenziel aussuchen. Vielleicht könnt ihr euch dafür eine Pizza bestellen und es euch ein bisschen gemütlich machen?

29. Von der Influencerin zur Beterin

Christus soll immer wichtiger werden, und ich will immer mehr in den Hintergrund treten. Johannes 3,30; HfA

Im Kinderbuchklassiker *Der kleine Wassermann* von Otfried Preußler lebt ein kleiner Wassermannjunge mit seinen Eltern auf dem Grund eines Mühlenweihers und erlebt dort seine Abenteuer. Da Wassermannkinder sehr schnell wachsen und selbstständig werden, kommt schon einige Wochen nach seiner Geburt der Zeitpunkt, an dem der kleine Junge seinen Wassermannvater bittet, ihm den Weiher zu zeigen. Der Vater hat das vorausgesehen und Kleidung und Stiefel besorgt, weil es sich schließlich nicht schickt, als „Hemdenmatz" das Haus zu verlassen. Als die Wassermannmutter ihren kleinen Sohn so neu eingekleidet sieht, kann sie ihre Tränen nicht zurückhalten und klagt, dass es den Männern nicht schnell genug gehen könne, die Kinder mit hinauszunehmen. Der Wassermannvater antwortet darauf sinngemäß, dass die Frauen es am liebsten hätten, wenn ihre Kinder ihnen ein Leben lang am Schürzenzipfel hingen.

Wenn wir diese Geschichte gemeinsam anhören und an diese Stelle kommen, muss ich jedes Mal schmunzeln. Ich halte mich zwar nicht für eine überbehütende Mutter, aber auch ich habe Situationen erlebt, in denen ich schlucken musste, weil meine Kleinen ihre ersten Schritte in eine Welt ohne mich gemacht haben: als Oma und Opa das erste Mal für mehrere Stunden auf das Baby aufgepasst haben. Als ich ihn das erste Mal in der Krippe zurückgelassen habe und mich gefragt habe, ob die Erzieherinnen sein Gebrabbel verstehen und beim Wickeln ihre Späße mit ihm machen würden, so wie er es gewohnt war. Als unverhofft der Moment des Abstillens bei unserem Zweiten gekommen war, und ich mich einerseits erleichtert fühlte, aber auf der anderen Seite bedauerte, dass diese ganz besondere Form der Zweisamkeit zwischen Mutter und Kind endgültig vorbei war. Als der Große zum ersten Mal allein und ohne meine Begleitung einen Freund besuchte oder einen Botengang in der Nachbarschaft erledigte. Als beide Kinder alt genug für den Kindergottesdienst waren und mein Mann und ich wieder zusammen am Gottesdienst teilnehmen konnten.

Auch wenn der Große nun bald in die Schule kommt, wird er sich eine neue Welt erobern, auf die ich weniger Einfluss haben werde als auf die behütete Kindergartenzeit. Und so geht es immer weiter.

Von Geburt an bewegen sich unsere Kinder in Richtung Selbstständigkeit – das ist uns als Eltern bewusst, und normalerweise feiern wir jeden ihrer Schritte dahin. Am Anfang noch im wahrsten Sinne des Wortes, wenn sie mit etwa einem Jahr anfangen zu laufen oder wenn wir uns freuen, wenn sie mit zwei oder zweieinhalb Jahren erste Sätze bilden und noch etwas später, wenn sie anfangen sich für Zusammenhänge zu interessieren. Aber wenn es dir so geht wie mir, mischt sich auch immer etwas Wehmut unter jeden dieser Entwicklungsschritte. Deswegen möchte ich manchmal die vielen kleinen, schönen Momente am liebsten für immer festhalten: das glucksende Lachen unseres Dreijährigen, wenn er gekitzelt wird, oder die immer noch strahlenden Augen des Großen, wenn er gelobt wird oder sich einer seiner Wünsche erfüllt.

Trotzdem weiß ich, dass Loslassen angesagt ist. Johannes der Täufer, ein Wegbereiter von Jesus, ist mir darin ein großes Vorbild. Er hatte als asketischer Wüstenprediger eine beachtliche Bekanntheit erlangt und sogar eine Schar Jünger – heute würde man *Follower* sagen – um sich gesammelt. Da trat Jesus auf die Bühne, ließ sich von ihm taufen und fing ebenfalls an, Männer und Frauen in seine Nachfolge zu rufen. Darauf verließ Johannes ein Teil seiner Schüler und schloss sich der Gruppe um Jesus an.

Johannes hätte beleidigt reagieren oder mit aller Macht versuchen können, seinen schwindenden Einfluss zu retten. Stattdessen erkennt er, dass der Zeitpunkt gekommen ist, an dem er sich selbst zurücknehmen muss, um Platz für Jesus zu machen. Eine solche Weisheit und Bereitschaft zum Loslassen und Kürzertreten wünsche ich mir im Blick auf meine beiden Kinder auch.

Es ist ein Geschenk, dass ich sie lieben, versorgen und prägen darf, und ich möchte diese Aufgabe genießen und sie erfüllen. Ich möchte ihnen Vorbild sein, ihnen Werte und den Glauben mit auf ihren Lebensweg geben. Ich möchte sie fördern und ihnen dabei helfen, ihre Begabungen zu entdecken, Freundschaften zu knüpfen und lebenstüchtig zu werden. Aber ich möchte dabei auch ein Gespür dafür entwickeln, wann es in einem Bereich dran ist, selbst kürzer zu treten und dem Kind mehr Eigenverantwortung oder Entscheidungsfreiheit zu überlassen.

Johannes wusste, dass seine Nachfolger bei Jesus in guten Händen waren. Das möchte ich auch für meine Kinder in Anspruch nehmen. Ich möchte sie Gottes Fürsorge anbefehlen. In den Bereichen, in denen mein Einfluss kleiner wird, möchte ich ihnen ganz bewusst *hinterherbeten*, wie eine Mutter von bereits erwachsenen Kindern es einmal genannt hat. Wie gut, dass das sowohl für die ersten Stunden alleine in der Kita möglich ist als auch, wenn sie später das erste Mal nachts alleine mit dem Auto unterwegs sind.

Zum Weiterlesen:
Johannes 3,22-36 oder Johannes 2,1-11

Gebet:

„Vater im Himmel, du hast mir meine Kinder anvertraut. Hilf mir, sie zu lieben und zu prägen, solange sie klein sind. Ich möchte gute Spuren in ihrem Leben hinterlassen. Begleite du sie auf ihrem Weg ins Leben, wenn mein Einfluss auf sie abnimmt. Danke, dass du immer für sie da sein wirst. Amen."

Tagesimpuls:

- In welchem Lebensbereich steht für dich und dein Kind eine Abnabelung an: in der Umstellung von der Breikost zur festen Nahrung? Darin, dass das Kleine lernen soll, allein in seinem Bettchen einzuschlafen? Im Umzug des Kindes vom elterlichen Schlafzimmer in sein Zimmer? In der Eingewöhnung in Kita, Kindergarten oder der Unterbringung bei einer Tagesmutter? In der Tatsache, dass es zum ersten Mal alleine auswärts übernachtet oder ohne deine Begleitung Freunde besucht?
- Egal, was es ist: Bitte Gott immer wieder konkret darum, dich und deinen Sohn oder deine Tochter in dieser Phase zu begleiten und dir Weisheit zu schenken, wie du die Umstellung vorbereiten und gestalten kannst.

30. Ladys, etwas mehr Respekt bitte

Ein Mann soll seine Frau so lieben wie sich selbst. Und die Frau soll ihren Mann achten. Epheser 5,33; HfA

Auf unseren Wunsch wurde bei unserer kirchlichen Trauung ein Bibeltext vorgelesen, auf den ich von einigen unserer Gäste hinterher kritisch angesprochen wurde. Es ging um einen Abschnitt aus Paulus' Brief an die Gemeinde in Ephesus.

Paulus schreibt: „Ihr Frauen, ordnet euch euren Männern unter, so wie ihr euch dem Herrn unterordnet."

Heute, fast zehn Jahre später, frage ich mich manchmal, ob es tatsächlich so eine gute Idee war, diese Verse vorlesen zu lassen. Allerdings nicht, weil ich von ihrer Gültigkeit weniger überzeugt wäre als damals, sondern weil ich im Alltag gemerkt habe, wie verflixt schwierig sie manchmal umzusetzen sind …

Ich weiß, dass Christen diese Bibelstelle unterschiedlich verstehen und manche Bibelleserin sich durch diesen und ähnliche Texte vielleicht sogar persönlich angegriffen oder verletzt fühlt. Deshalb ein paar kurze Worte dazu: Dieser Text wurde in der Kirchengeschichte dazu missbraucht, Frauen kleinzuhalten. Das ist nach meinem Verständnis nie seine Absicht gewesen. Es geht auch nicht darum, Frauen zu Menschen zweiter Klasse zu machen, die ihrem Mann zu gehorchen haben. Das wird spätestens dann deutlich, wenn man liest, welche Anweisungen Paulus den Männern ins Stammbuch schreibt. Ich glaube vielmehr, dass Paulus einige typische Schwachstellen sowohl bei Frauen als auch bei Männern erkannt hat und ihnen entgegenwirken will.

Der amerikanische Theologe und Familientherapeut Emerson Eggerichs fasst das in seinem Bestseller „Liebe & Respekt" so zusammen: „Meiner Theorie nach reagieren Frauen tendenziell mit einem Verhalten, dass auf ihre Männer respektlos wirkt (daher das Gebot an die Frau, sie soll ihren Mann achten). Und Männer reagieren tendenziell mit einem Verhalten, dass ihre Frauen als lieblos empfinden (daher das Gebot an den Mann, seine Frau zu lieben)."[19]

Ich glaube tatsächlich, dass wir Frauen zu den härtesten und unbarmherzigsten Kritikerinnen unserer Männer werden können, wenn wir uns von ihnen im Stich gelassen oder ungeliebt fühlen. Und gerade im turbulenten und hektischen Alltag mit kleinen Kindern passiert das schnell. Wir wünschen uns, dass unser Mann uns mehr unterstützt; dass er pünktlich zu Hause ist, wenn wir ihn darum bitten; dass er seine Arbeit nicht wichtiger nimmt als uns und die Kinder; dass er uns nicht mit guten Ratschlägen, sondern mit Verständnis begegnet. Passiert das nicht, reagieren wir verletzt und entziehen ihm unsere Wertschätzung, was ihn wiederum dazu bringt, sich noch mehr zurückzuziehen.

Eggerichs nennt das den „Teufelskreis des Ehewahnsinns". Denn so, wie wir Frauen uns wünschen, dass unsere Männer uns liebevoll und zuvorkommend behandeln, wünschen sich Männer, von ihren Frauen in einem positiven Sinn respektiert und geachtet zu werden.

Wenn wir uns von unserem Mann ein liebevolleres Verhalten wünschen, ist es unser Part, ihn zu respektieren. Das bedeutet nicht, dass wir ihm einen Blankoscheck ausstellen sollten, mit dem er sich verhalten kann, wie er will. Aber es geht um die Art und Weise, wie wir Kritik vorbringen. Außerdem geht es um den Blickwinkel, den wir einnehmen: Sehen wir nur noch das, was unser Mann falsch macht, oder achten wir auch auf die Bereiche, in denen er sich bemüht, ein guter Partner oder Vater zu sein? Halten wir ihn, vielleicht unbewusst, für einen Versager und spiegeln ihm das oder nehmen wir wahr, wenn er Dinge für uns und unsere Familie tut?

Ein anschauliches Beispiel, wie eine solche wertschätzende Haltung aussehen kann, ist für mich folgende Begebenheit, die Pamela Druckermann erzählt. Zusammen mit einer befreundeten Familie verbrachten sie, ihr Partner Simon und ihre Tochter ein Wochenende in einem französischen Landhaus. Der Mann ihrer Freundin hatte morgens frisches Baguette besorgt und wurde daraufhin von seiner Frau mit den Worten empfangen: *„J'adore cette baguette!"* („Ich liebe dieses Baguette!").

Nachdenklich und etwas selbstkritisch schreibt Druckermann: „Ich kann mir nicht vorstellen, so etwas zu Simon zu sagen. Normalerweise beschwere ich mich, dass er das falsche Baguette gekauft hat, oder ich befürchte, dass er beim Frühstückmachen ein Chaos hinterlässt, das ich anschließend aufräumen muss. Diese mädchenhafte Freude – *j'adore cette baguette!* – gibt es zwischen uns leider nicht mehr."[20]

Ich möchte mit dieser Geschichte nicht sagen, dass wir unseren Mann anhimmeln sollen, wenn das nicht den Tatsachen entspricht. Aber spätestens wenn wir merken, dass wir mit unserem Partner auf eine Art und Weise reden, wie wir es gegenüber einem Bruder, einem guten Bekannten, oder einem Arbeitskollegen nie wagen würden (weil er zu Recht tödlich beleidigt wäre), ist es Zeit, die Notbremse zu ziehen. Dann ist es dran, sich bewusst zurückzunehmen und sich wieder stärker die Dinge in Erinnerung rufen, die wir an unserem Partner schätzen.

Ständige Kritik und Nörgelei unsererseits sind meiner eigenen Erfahrung nach ein Hinweis dafür, dass wir unsere Einstellung überprüfen sollten: Haben wir unrealistische Erwartungen an unseren Mann? Nehmen wir ihn an, wie er ist oder wollen wir lieber eine bessere Version seiner selbst? Wie würden wir uns fühlen, wenn er den gleichen Maßstab an uns anlegen würde? Je nachdem, wie verletzt man selbst ist, ist das nicht leicht. Aber ich glaube, dass es sich lohnt. Denn nach wie vor bin ich überzeugt, dass Epheser 5 nicht geschrieben wurde, um Frauen zu unterdrücken oder uns zu verletzen, sondern um uns dabei zu helfen, unseren Teil zu einer gesunden und glücklichen Partnerschaft beizutragen.

Zum Weiterlesen:
Epheser 5,21-33 oder Sprüche 21,9+19

Gebet:
„Vater im Himmel, du weißt, wo mich das Verhalten meines Mannes enttäuscht, verletzt oder wütend macht. Du siehst, wie hilflos und ungeliebt ich mich deswegen fühle. Zeige mir bitte, wie ich meinen Frust ihm gegenüber so zum Ausdruck bringen kann, dass er sich davon nicht klein gemacht fühlt. Hilf uns, uns gegenseitig mit Liebe und Achtung zu begegnen. Amen."

Tagesimpuls:
- Womit kann dir dein Mann seine Liebe zeigen, nach was sehnst du dich? Sehr wahrscheinlich ist er gerne dazu bereit, deinen Wunsch zu erfüllen, wenn du ihn konkret darum bittest.
- Umgekehrt kannst du deinen Mann fragen, was es ihm bedeutet, wenn du ihn respektierst, in welchen Bereichen er sich nach deiner Achtung sehnt und wie das praktisch aussehen kann.

31. Sehen und gesehen werden

Da rief Hagar aus: „,Ich bin tatsächlich dem begegnet, der mich sieht!'
Darum nannte sie den HERRN, der mit ihr gesprochen hatte: ,Du bist
der Gott, der mich sieht.'" 1. Mose 16,13; HfA

Unser Jüngster hat von Geburt an sehr ausdrucksstarke Augen, und
vor allem, wenn er etwas Wichtiges erzählen will, werden sie groß
und rund. Als er etwa zweieinhalb Jahre alt war, verbrachten wir mit
unseren Freunden und Paten der Kinder einige gemeinsame Tage.
Wie die meisten Kinder in diesem Alter war der Kleine ziemlich mit-
teilungsbedürftig, sprach aber noch so undeutlich, dass wir mitunter
erraten mussten, was er meinte. Während wir Eltern seine *Geheim-*
sprache einigermaßen deuten konnten, hatten unsere Freunde mehr
Mühe. So meinte die Patin einmal zu mir, dass sie manchmal nur an
seinen großen Augen merken konnte, dass er ihr etwas Wichtiges
sagen wollte.

　　Kinder möchten wahrgenommen werden. Sie möchten, dass wir
sie sehen, und haben ein grundlegendes Bedürfnis nach unserer Zuwendung, Anerkennung und Bestätigung. Deswegen zeigen sie uns
voller Begeisterung jedes selbst gemalte Bild. Deswegen erzählen sie
uns haargenau, welche Rettungsaktion sie mit ihren Playmobilfigu-
ren gerade durchführen oder wie stark sie schon sind. Deswegen
muss jedes angeschlagene Knie begutachtet und bepustet werden, als
ob es ein Beinbruch wäre.

Der dänische Familientherapeut Jesper Juul schreibt dazu: „Zwei Dinge sind es, die unser Selbstgefühl nähren. Zum einen, wenn wir von mindestens einer wichtigen Person in unserem Umfeld *gesehen* und akzeptiert werden; zum anderen, wenn wir erleben, für andere Menschen wertvoll zu sein, ohne uns verstellen oder etwas leisten zu müssen.“[21] Es ist ein Vorrecht und eine Herausforderung zugleich, dass wir als Mütter (und Väter) diese wichtige Person sein dürfen. Aber auch als Mutter kennen wir die Sehnsucht, *gesehen zu werden*. Wir wünschen uns, dass jemand wahrnimmt, wie anstrengend der Dreijährige in seiner Trotzphase ist. Wir möchten unseren Frust loswerden, dass das Wohnzimmer irgendwie immer unordentlich ist, egal wie oft wir aufräumen. Erfahrungsgemäß geben wir uns als Mamas alle Mühe, dem Mitteilungsbedürfnis unserer Kinder gerecht zu werden, während es wegen des turbulenten Alltags für uns oder unseren Partner oft bei dem Wunsch bleibt, endlich einmal mit dem wahrgenommen zu werden, was uns innerlich beschäftigt.

Umso erstaunlicher finde ich eine Geschichte aus dem Alten Testament, in der eine schwangere Frau und Sklavin die Erfahrung macht, dass Gott sie wahrnimmt. Hagar war von ihrer Herrin davongelaufen, weil sie deren Demütigungen (an denen die Dienerin nicht ganz unschuldig war), nicht mehr ertragen konnte. Eine mittellose und entlaufene Sklavin, dazu noch im schwangeren Zustand, hatte nicht gerade rosige Zukunftsaussichten.

In dieser aussichtslosen Lage spricht Gott sie an. Er fragt: „Hagar, du Sklavin von Sarai, woher kommst du und wohin gehst du?“ (1. Mose 16,8; HfA) und etwas später: „Du bist schwanger und wirst bald einen Sohn bekommen. Nenne ihn Ismael (‚Gott hört‘), denn der Herr hat gehört, wie du gelitten hast“ (1. Mose 16,11; HfA).

Obwohl Hagar danach die schwierige Anweisung bekommt, zu ihrer Herrin zurückzugehen, bleibt ihr von dieser Begegnung mit Gott etwas anderes am stärksten in Erinnerung: Sie erkennt Gott als denjenigen, der sie sieht. Später in ihrem Leben macht sie noch einmal die Erfahrung, dass Gott sie nicht im Stich lässt, sondern sich um sie und ihren Sohn kümmert (1. Mose 21,9-21).

So wie Gott Hagar in ihrer Situation gesehen und ihr Leid gehört hat, sieht und hört Gott auch uns. Gott sieht unseren Alltag als Mütter mit kleinen Kindern, Haushalt, einem Garten oder unserer Arbeitsstelle. Er hört die leisen Stoßseufzer, die uns manchmal entschlüpfen, und er kennt die Hilflosigkeit, die wir oftmals angesichts unserer Aufgabe spüren. Er nimmt uns nicht unbedingt aus schwierigen Situationen heraus – auch Hagar musste ihr Schicksal aushalten –, aber er begegnet uns in ihr und nimmt uns wahr. Und für ihn sind wir wertvoll, auch wenn wir nicht perfekt sind. Wie gut tut es, das zu wissen!

Zum Weiterlesen:
1. Mose 16, 1-16

Gebet:
„Vater im Himmel, du nimmst mich in meinem Alltag mit seinen schönen und schwierigen Seiten wahr. Dafür danke ich dir! Schenke mir die Kraft, auch meine Kinder mit ihren Stärken und Schwächen wahrzunehmen, sodass sie begreifen, wie wertvoll sie sind. Amen."

Tagesimpuls:
- Gott begegnete Hagar auf ihrer Flucht in der Wüste. Welcher Bereich deines Lebens oder deines Mutterseins fühlt sich für dich im Moment wie eine Wüste an?
- Sprich mit Gott darüber und mach dir bewusst, dass er dich nicht vergessen hat.

32. Mama Maria, oder warum an jedem Tag Muttertag ist

Maria aber behielt alle diese Worte und bewegte sie in ihrem Herzen.
Lukas 2,19; LUT

An unserem Kühlschrank hängt eine Werbekarte aus einem Babyfachmarkt, auf der auf rot geblümtem Hintergrund mit weißen Buchstaben der Satz „Muttertag ist immer" prangt. Weil ich schöne Postkarten mag, habe ich sie bei einem Einkauf mitgenommen (genau wie die mit dem treffenden Aufdruck *All you need is Schlaf*).

Muttertag ist immer – das sagen mir nicht nur die selbst gemalten oder gebastelten Kunstwerke, die ich phasenweise nahezu täglich von meinen beiden Kindergartenkindern bekomme. Das sagen mir auch die wunderbar dahingeschmatzten Küsschen unseres Kleinen und die Art, mit der mich unser Großer in eine Umarmung zieht und mich festhält, damit ich ihm nicht gleich wieder davonlaufe. Auch dann, wenn ich herzlich lachen muss, weil einer der Jungs ganz unbeabsichtigt etwas Komisches gesagt hat, ist Muttertag.

Muttertag ist immer – das sagt mir aber auch die Tatsache, dass ich jeden Tag neu überlegen muss, was ich zum Essen auf den Tisch bringe oder welche Wäsche in die Waschmaschine wandert. Und es sagt mir die Tatsache, wenn ich von der Hausarbeit oder der Arbeit im Büro zum Kindergarten fahre und auf dem Weg dorthin versuche, vom *Arbeitsmodus* in den *Mamamodus* umzuschalten.

Muttertag ist immer – das ist eine schöne und zugleich beängstigende Erfahrung.

Manchmal frage ich mich, ob diese Erfahrung in der gesellschaftlichen Wahrnehmung noch ihre Berechtigung hat oder ob das Muttersein für Frauen heute nicht mehr sein soll als eine Rolle unter vielen. Eine Rolle, die sich ihren Platz brav mit dem der selbstbewussten Karrierefrau, der attraktiven Partnerin, der ernährungsbewussten Sportlerin und der kreativen Deko- und Backkünstlerin teilen soll. Das finde ich schade. Die anderen Rollen machen einen wichtigen Teil unseres Lebens als Frauen aus. Aber abgesehen von der Rolle als Partnerin denke ich nicht, dass sie sich eins zu eins mit der Bedeutung des Mutterseins gleichsetzen lassen.

Ein Pastor, der gefragt wurde, welche Persönlichkeit sein Leben besonders geprägt hat, antwortete: „Meine Mutter hat in meinem Leben Spuren hinterlassen, nicht nur Staub."[22]

Ich wünsche mir, dass meine Kinder das auch einmal sagen werden. Natürlich möchte ich auch mit meiner Arbeit etwas bewegen und als fröhliche, attraktive Frau wahrgenommen werden (an den Back- und Dekokünsten arbeite ich noch), aber der Wunsch, das Leben meiner beiden Jungs zu prägen und eine tragfähige Bindung zu ihnen aufzubauen, geht tiefer. Das hängt meiner Meinung nach damit zusammen, dass wir ein Leben lang Mütter unserer Kinder bleiben und immer in irgendeiner Form der Beziehung zu ihnen stehen.

Die biblischen Geschichten über eine große Zahl von Frauen spiegeln diese Vielfalt wider: Gott beschränkt Frauen nicht auf ihre Rolle als Mutter und Ehefrau. Das zeigen die Berichte über die Prophetin und Sängerin Miriam, die Richterin Deborah, die Bäuerin Ruth, Königin Esther, die Diakonisse Tabita, die Händlerin Lydia oder die Lehrerin Priszilla.

Auf der anderen Seite bringt die Bibel der Mutterrolle eine große Wertschätzung entgegen und sieht diese Aufgabe sowohl als ein großes Geschenk als auch als eine große Verantwortung. Viel stärker noch als in anderen Bereichen lässt Gott uns als Mütter (und Väter) unmittelbar an seinem Schöpferhandeln teilhaben.

Maria, die Mutter von Jesus, ist dafür ein ansprechendes Beispiel. Sie war Mutter mehrerer Kinder und hat sicherlich im handwerklichen Betrieb ihres Mannes mitgeholfen, ihren eigenen Gemüsegarten bewirtschaftet, Kleider genäht und im Dorfgefüge mit angepackt. Die neutestamentlichen Berichte über sie gewähren uns aber vor allem einen Blick in ihr Mutterherz. Das, was sie mit ihrem kleinen Jesus erlebt hat, bewegt sie tief.

Später mischt Maria sich manchmal in das Leben ihres erwachsenen Sohnes ein, wie bei der Hochzeit von Kana; hin und wieder muss sie aber auch akzeptieren, dass Jesus sie wegen seines Dienstes auf Distanz hält. Bei Jesu Kreuzigung „dringt ein Schwert durch ihre Seele", wie es ein Bibeltext beschreibt. Nach Jesu Auferstehung und Himmelfahrt ist sie ein aktiver Teil der neu entstandenen christlichen Gemeinde.

Maria hat sein Leben lang Anteil am Ergehen ihres Erstgeborenen genommen, selbst wenn sie sich gefragt haben mag, was um Himmels willen er da gerade macht. Sie war von ganzem Herzen seine Mutter und hat die Herausforderung angenommen, die ihr von Gott aufgetragen worden war. Diese Perspektive wünsche ich mir auch für uns Mütter im 21. Jahrhundert: dass wir Muttersein nicht nur als eine Rolle unter vielen wahrnehmen, sondern als ein ganz besonderes Geschenk und eine Aufgabe, die Gott uns anvertraut hat und für die er uns Kraft und Weisheit geben will.

Zum Weiterlesen:
Lukas 2

Gebet:

„Vater im Himmel, danke, dass du mir meine Kinder anvertraut hast! Lass mich den Wert dieser Berufung erkennen, vor allem dann, wenn ich müde und enttäuscht bin oder das Gefühl habe, als Mutter nichts Großartiges zu leisten. Präge du mein Muttersein und hilf mir, meine Aufgabe gut zu erfüllen. Amen."

Tagesimpuls:

- Welche Spuren möchtest du im Leben deiner Kinder hinterlassen?
- In welchen Bereichen gelingt das und wo eher nicht? Mach dir dazu einige Notizen, und komm darüber mit Gott ins Gespräch.

33. Es ist gut so, wirklich!

Mein Besitz und mein Erbe ist der Herr selbst. Ja, du teilst mir zu, was ich brauche! Was du mir für mein Leben geschenkt hast, ist wie ein fruchtbares Stück Land, das mich glücklich macht. Ja, ein schönes Erbteil hast du mir gegeben! Psalm 16,5+6; NGÜ

Es gibt Frauen, die scheinbar unbegrenzte Energie haben. Meine Mutter gehört für mich trotz ihres Alters zu dieser Gruppe. Was sie an einem einzigen Tag an Garten- und Hausarbeit leistet, bringt mich immer noch zum Staunen. Oder die Mutter, die, hochschwanger mit dem zweiten Kind, einen Kindergottesdienst schmeißt – die Gitarre vor ihrem kugelrunden Bauch. Auch die junge Mutter, die einige Wochen nach der Geburt schon wieder aktiv die Kindergruppe im Verein leitet, gehört zu diesen Powerfrauen.

„Respekt!", kann ich da nur sagen und ziehe den Hut vor dieser Schaffenskraft.

Gleichzeitig weiß ich, dass ich diese Leistung selbst nicht erbringen kann. Mein Energielevel reicht dazu nicht aus. Erfahrungsgemäß kann ich kurzzeitig auch powern, aber dann brauche ich eine Pause, sonst macht sich das schnell bemerkbar.

Manchmal macht mir diese Begrenzung zu schaffen, aber ich habe gelernt, sie zu akzeptieren und zu verstehen, dass meine Stärken und Begabungen in anderen Bereichen liegen. Bereiche, die eine gewisse Stille und Zurückgezogenheit brauchen, damit sie ihre volle Kraft entfalten können. Trotzdem ist und bleibt die Begegnung mit meinen Grenzen immer auch ein schmerzhaftes Terrain: Ich spüre Neid auf diejenige, die mehr leistet oder in ihrem Beruf erfolgreicher ist. Ich fühle mich klein und unscheinbar, wenn ich Müttern begegne, die super gestylt sind oder sehr selbstbewusst und kompetent auftreten. In solchen Momenten brauche ich die Rückversicherung aus den Versen des heutigen Bibeltextes. In der Übersetzung von Martin Luther lautet der fünfte Vers: „Das Los ist mir gefallen auf liebliches Land; mir ist ein schönes Erbteil geworden."

Der israelitische König David, der diesen Text geschrieben hat, war in vielerlei Hinsicht ein Sonnenkind: Die Bibel beschreibt ihn als gut aussehend, er war musikalisch und dichterisch begabt, dabei gleichzeitig stark und mutig und eine Führungspersönlichkeit. Eine Art George Clooney oder Brad Pitt seiner Zeit.

Trotzdem hatte Davids Leben seine Schattenseiten: Das Verhältnis zu seinen Brüdern war vermutlich nicht sehr herzlich, von seiner ersten Frau hat er sich entfremdet, sein bester Freund fiel im Krieg, seine Heerführer intrigierten gegen ihn, und er selbst beging Ehebruch mit der Frau einer seiner Offiziere und ließ ihn anschließend umbringen. Als Familienvater erlebte David Chaos, denn einer seiner Söhne fiel ihm mit einer Revolte in den Rücken, ein anderer vergewaltigte eine Stiefschwester. Sein größter geistlicher Wunsch – Gott einen Tempel zu bauen – ging aufgrund seiner blutigen Vergangenheit nicht in Erfüllung, und zwischen seinen Söhnen gab es Gerangel um seinen Thron.

Klingt das noch nach einem *lieblichen Land*? Trotzdem heißt es über das Ende von Davids Leben: „Und er starb in gutem Alter, satt an Leben, Reichtum und Ehre" (1. Chronik 29,28; LUT).

Davids Leben zeigt, dass es trotz Einschränkungen, Begrenzungen, Fehlern und sogar Schuld möglich ist, ein erfülltes Leben zu haben. Das Geheimnis dafür lag in Davids enger Beziehung zu Gott und im Vertrauen darauf, dass er es gut mit ihm meinte.

Auch mir hat Gott Fähigkeiten und Grenzen zugeteilt. Die Frage ist, ob ich bereit bin zu erkennen, dass er mir ein *liebliches Land* gegeben hat und keine Schutthalde oder einen unfruchtbaren Acker. Gott hat nicht geschlafen, als es bei meiner Geburt um die Verteilung von Fähigkeiten und Bonuspunkten ging. Ich habe nicht umsonst *Hier* geschrien, als er Begabungen und besondere Anlagen verteilt hat. Er hat mir bildlich gesprochen ein *fruchtbares Stück Land* gegeben, das ich mit meinen Stärken bearbeiten kann. Das gilt auch für mein Muttersein.

Ich werde nie in allen Bereichen mit den anderen Müttern mithalten können. Ich werde für meine Kinder auch nie die Allroundmutter sein, die sie perfekt auf ihr Leben vorbereiten kann. Die gute Nachricht dabei ist aber, dass ich das gar nicht muss. Es geht stattdessen darum, mit Gottes Hilfe das zu entfalten, was er an Möglichkeiten in mich hineingelegt hat. Davon werden dann auch wiederum meine Kinder für das *Erbteil* profitieren, das Gott ihnen in die Wiege gelegt hat. Wenn ich mich Gott anvertraue, wird er ihr und mein Leben gestalten und gebrauchen – trotz und mit meinen Fehlern und Begrenzungen.

Zum Weiterlesen:
Psalm 16

Gebet:

„Vater im Himmel, danke, dass du mir ein *schönes Erbteil* gegeben hast und letztlich sogar dich selbst an mich verschenkst. Lass mich den Blick dafür im Klein-Klein meines Alltags nicht verlieren, und hilf mir, mit meinen Begrenzungen gut und weise umzugehen. Amen."

Tagesimpuls:

- Mach doch heute einmal eine Bestandsaufnahme deines *Lebenslandes*: Wo sind seine Grenzen, und inwiefern empfindest du diese als schmerzhaft oder einengend?
- Wo ist es aber auch ein fruchtbares und schönes Land, das dich erfüllt und glücklich macht? Komme über beides mit Gott ins Gespräch.

34. Ich bin doch bei dir

Selbst wenn ich durch ein finsteres Tal gehen muss, wo Todesschatten mich umgeben, fürchte ich mich vor keinem Unglück, denn du, Herr, bist bei mir! Psalm 23,4a; NGÜ

„Maamaaa!" Der laute Ruf eines meiner Kinder schreckt mich aus dem Schlaf, und noch bevor ich richtig wach bin, torkle ich ins Kinderzimmer, um nachzusehen, was los ist. Manchmal ist der Grund harmlos („Ich habe Durst!"), manchmal belustigend („Wir haben das Tigerbaby [aus der Kleinkindserie] noch nicht eingefangen!"). Aber wenn das Kind wegen eines Albtraums ruft, lässt einem ein solcher Schrei die Haare zu Berge stehen.

„Mama!" – Es erstaunt mich immer wieder, mit welcher Selbstverständlichkeit Kinder nach unserer Gegenwart verlangen, vor allem, wenn sie das Gefühl haben, dass sie Hilfe brauchen. Für die Kleinen gilt: Wenn Mama oder Papa in der Nähe sind, kommt die Welt wieder in Ordnung. Es ist deswegen nicht verwunderlich, dass wir unsere Kinder in solchen Situationen oft genau mit den Worten trösten, die ihnen dieses Gefühl unserer rückversichernden Nähe geben sollen: „Schscht! Es ist ja alles gut. Mama ist doch bei dir."

„Du bist bei mir." Als Erwachsenen fehlt uns diese Rückversicherung. Wir haben normalerweise niemanden mehr, der unsere Welt schnell wieder ins Lot bringen kann. Es sei denn, wir sprechen von Gottes Gegenwart in unserem Leben. Als unser Jüngster zwei Jahre alt war, habe ich das auf eine für mich sehr eindrückliche Art und Weise erlebt.

Wir waren gerade vor einigen Tagen wegen eines schweren Atemweginfektes aus der Kinderklinik entlassen worden, als der Kleine nachmittags hohes Fieber mit Schüttelfrost bekam und der eilig aufgesuchte Arzt im Blut einen stark erhöhten Entzündungswert feststellte. Er überwies uns an die Klink, wo wir in der Notaufnahme lange auf die Untersuchung warten mussten. Als sich herausstellte, dass eine stationäre Aufnahme notwendig war, wurden wir mit dem Rettungswagen in ein anderes Krankenhaus gebracht, weil vor Ort alle Betten belegt waren. Spätnachts kamen wir dort an, und erst am frühen Morgen konnten wir ein Zimmer beziehen. Am nächsten Tag saß ich erschöpft neben dem Gitterbettchen, in dem unser Kleiner an Schläuche angeschlossen schlief.

Zum Denken und zum Beten war ich körperlich und emotional zu erschöpft. Noch war nicht ganz klar, welche Erkrankung unser Sohn hatte, und ich hatte zudem das ungute Gefühl, dass wir noch nicht am Ende der Fahnenstange angekommen waren, was schlechte Nachrichten anging.

In dieser Situation ging mir immer wieder ein Satz aus Psalm 23 durch den Kopf: „Du bist bei mir." Am Tag zuvor, als die Welt noch in Ordnung gewesen war, war er mir beim Autofahren in den Sinn gekommen und hatte mich seitdem begleitet, zusammen mit den Bruchstücken eines Liedtextes, dessen Melodie mich ebenfalls tröstlich umhüllte: „Wie tief kann ich fallen, wenn alles zerfällt? Nie tiefer als in Gottes Hand. Nie bau ich mein Leben auf Sand, wenn ich jeden Schritt mit ihm gehe."[23]

Die Gegenwart Gottes und seine Zusage, dass seine Hand bildlich gesprochen unter uns war, um uns in dieser ungewissen Situation aufzufangen, waren in diesen Momenten sehr real für mich. Sie haben mich auch in den nächsten Tagen begleitet, als sich meine Ahnung bestätigte und sich auf den ursprünglichen Infekt eine weitere

Erkrankung draufsetzte, die unseren Aufenthalt im Krankenhaus verlängerte.

Ich habe es als ein Geschenk empfunden, Gottes Nähe in dieser Zeit so intensiv zu erfahren. Als wir wieder zu Hause und im Alltag angekommen waren, hat sich diese spürbare Gewissheit irgendwann wieder verflüchtigt. Was aber geblieben ist, ist ein stärkeres Bewusstsein dafür, dass Gott wirklich bei mir ist und uns als Familie in seiner Hand hält.

„Mama ist ja bei dir!" – Manchmal denke ich, dass Gott unsere Kinder in diesem Punkt wie einen Spiegel benutzen möchte, mit dem er uns sagt: „Ich bin bei dir!" So wie unsere Kinder mit unserer Gegenwart und Hilfe rechnen, können wir mit Gottes Gegenwart und Hilfe rechnen. So wie unsere Kinder selbst mitten in der Nacht keine Scheu haben, uns zu sich ans Bett zu rufen, so brauchen auch wir keine Hemmungen zu haben, wenn wir mit unserem Anliegen zu Gott kommen. So wie unsere Kinder darauf vertrauen, dass wir ihnen in Notlagen helfen, dürfen wir Erwachsenen das bei Gott tun. Der 23. Psalm beschreibt das auf sehr schöne bildliche Weise und hat mit seinen Worten über die Jahrtausende hinweg schon viele Juden und Christen getröstet.

Zum Weiterlesen:
Psalm 23

Gebet:

„Vater im Himmel, danke für dieses große Geschenk des Vertrauens, das meine Kinder mir als Mutter entgegenbringen. Ich möchte sie darin nicht enttäuschen und bitte dich dafür um Hilfe. Danke aber auch, dass wir dir genauso vertrauen dürfen und dass du in jeder Situation bei uns bist. Hilf mir, in meinem Leben mit deiner Gegenwart zu rechnen. Amen."

Impuls für den Tag:

- Die Beziehung mit und zu unseren Kindern kann uns in so vielerlei Hinsicht widerspiegeln, wie Gott ist, und unser Gottesbild positiv prägen und verändern. Was hast du, seitdem du ein Kind hast, über Gott und sein Wesen gelernt?
- Welche Erkenntnis hat dich besonders berührt?

35. Sandkastenblues

Seht euch an, wie die Lilien auf den Wiesen blühen! Sie mühen sich nicht ab und können weder spinnen noch weben. Ich sage euch, selbst König Salomo war in seiner ganzen Herrlichkeit nicht so prächtig gekleidet wie eine von ihnen. Wenn Gott sogar die Blumen so schön wachsen lässt, die heute auf der Wiese stehen, morgen aber schon verbrannt werden, wird er sich nicht erst recht um euch kümmern?
Matthäus 6,28b-30a; HfA

Mutter zu sein, fühlt sich manchmal an, als ob man auf dem Abstellgleis gelandet wäre: Während andere an einem vorbeiziehen, zuckelt man selbst langsam auf einem Nebengleis vorwärts. Ich erinnere mich an Nachmittage, an denen ich mit meinem damals Einjährigen auf dem Spielplatz saß und innerlich geseufzt habe. Klar habe ich meinen Kleinen bei seinen Entdeckungstouren begleitet und ein wenig Smalltalk mit anderen Müttern gehalten. Aber alles in allem war diese Zeit trotzdem etwas eintönig.

Wäsche waschen, kochen, Windeln wechseln, Brei füttern, einkaufen, spazierengehen, Bilderbücher vorlesen (immer dieselben!), Türme bauen – der Alltag einer Mutter mit einem Baby oder Kleinkind ist überschaubar. Ich hatte mich bewusst dafür entschieden, bei unserem Kleinen zu Hause zu bleiben, und habe dieses Privileg meistens auch sehr genossen. Aber an solch eintönigen Tagen konnte ich die Mütter gut verstehen, die sich darüber beklagten, dass ihnen zu

Hause die Decke auf den Kopf fiele und sie sich zurück in ihr Berufsleben sehnten.

Jede Mutter erlebt in der Kleinkindphase vermutlich Momente, in denen sie sich fragt: Was habe ich eigentlich vorzuweisen? Was mache ich den ganzen Tag? Habe ich dafür studiert oder mich in meinem Beruf hochgearbeitet? Unsere Gesellschaft ist sehr auf Leistung und Vorzeigbares fixiert, und wer da nicht mithalten kann, fühlt sich leicht wertlos oder minderwertig. Und so bemühen wir Mütter uns, unseren Alltag effektiv zu gestalten und mit unseren Kindern von einem Programm zum nächsten zu fahren, damit es nicht den Anschein hat, dass wir *einfach nur zu Hause sind*. Selbst in die Kirchengemeinde oder in den Verein geht frau in dieser Zeit manchmal mit schlechtem Gewissen, weil sie sich nur bedingt ehrenamtlich einbringen kann.

Es berührt mich immer wieder, dass Gott uns in der Bibel einen anderen Maßstab zeigt. Ganz gewöhnliche Blumen werden hier zum ausdrucksstarken Bild dafür, wie gerne Gott verschwenderisch und – in unserem Sinne – uneffektiv ist. In der Adventszeit habe ich einmal eine Amaryllis bei ihrem langsamen Wachsen und Aufblühen beobachtet und war richtig enttäuscht, wie schnell die großen, weiß-rosa Blüten verwelkten. Mir kam das wie eine Verschwendung vor.

Das Gleiche gilt für die „Königin der Nacht", eine Kakteenart, die ich in Südamerika kennengelernt habe und die nur einmal im Jahr blüht, und zwar von 19 Uhr abends bis in die frühen Morgenstunden. Trotzdem wird sie zu „einer der prächtigsten Blüten des Pflanzenreichs"[24] gerechnet.

Jesus selbst führt in seinem Vergleich die Lilie an, die im alten Israel als ein Symbol der Schönheit galt[25] und von der ärmeren Bevölkerung nach ihrem Vertrocknen als Brennmaterial genutzt wurde[26].

Gott berechnet unser Leben nicht nach seiner Effektivität. Sieht man sich die Pflanzen an, die er geschaffen hat, dann bekommt man den Eindruck, dass es ihm eher darum geht, dass wir da, wo wir gerade sind, voll und ganz zum Blühen kommen.

Jesus und auch der Missionar Paulus sind Beispiele dafür, dass ein Leben in Gottes Augen richtig sein kann, auch wenn es nicht dem Leistungsprinzip folgt: Jesus hat 30 Jahre einen ganz normalen, unspektakulären Alltag geführt, bevor er drei Jahre lang auf die Bühne der Weltgeschichte trat. Der umtriebige und reisefreudige Paulus saß mehr als zwei Jahre unschuldig in einem Gefängnis in Cäsarea fest, weil der zuständige Statthalter seinen Prozess verschleppte (Apostelgeschichte 24).

„Was für eine Verschwendung!", könnte man im Blick auf diese Biografien sagen, und doch stimmen sie mit Gottes Absicht überein. Auch mein Leben als Mutter und Hausfrau, vielleicht mit ein paar Teilzeitstunden im Beruf, empfindet Gott nicht als wertlos. Er sieht die Blüten, die dabei wachsen und gedeihen: die Liebe, die ich meinem Baby schenke, wenn ich es zuverlässig füttere, windle und tröste. Den Wunsch, meinem Mann den Rücken für seinen Beruf freizuhalten. Die Möglichkeit, mich in geringem Maß kirchlich und gesellschaftlich zu engagieren.

Für Gott steht mein Leben nicht auf dem Abstellgleis, für ihn ist das langsame Tempo in Ordnung, das ich gerade aufgrund meiner Familiensituation habe. Und wenn das Leben nach der Baby- oder Kleinkindphase wieder Fahrt aufnimmt, ist er ebenfalls dabei und schenkt neues Wachstum und neues Blühen.

Zum Weiterlesen:

1. Korinther 13,1-13

Gebet:

„Vater im Himmel, als Mutter mit kleinen Kindern erledige ich am Tag zahlreiche Dinge und habe am Abend manchmal doch kaum etwas Vorzeigbares geschafft. Lass mich erkennen, dass es nicht nichts ist, wenn ich meine Kinder liebe, versorge und beim Heranwachsen begleite. Schenke mir deine Sicht dafür, was für ein gelungenes Leben wirklich zählt. Amen."

Tagesimpuls:

- Als Mütter unterliegen wir manchmal dem Wunsch, doch irgendwie alles möglich machen zu wollen und uns dabei zu übernehmen. Wenn du merkst, dass das der Fall ist, dann lasse dich bei deinen Entscheidungen von folgendem Zitat leiten: „Wenn wir uns in unruhigen Zeiten einmal fragen, was eigentlich von all der Aufregung, von all dem Hin und Her der Gedanken und Überlegungen, von all den Sorgen und Befürchtungen, von allen Wünschen und Hoffnungen, die wir uns machen, wirklich zuletzt übrig bleibt – und wenn wir uns dann die Antwort der Bibel geben lassen wollen, so wird uns gesagt: Es bleibt von all dem zuletzt nur eines, nämlich die Liebe, die wir in unseren Gedanken, Sorgen, Wünschen und Hoffnungen gehabt haben."
(Dietrich Bonhoeffer[27])

36. Mädchen und Junge, rosa und blau

So schuf Gott den Menschen als sein Abbild, ja, als Gottes Ebenbild; und er schuf sie als Mann und Frau. 1. Mose 1,27; HfA

Unser Sechsjähriger war von einem Mädchen zu ihrem Kindergeburtstag eingeladen worden, der unter dem Motto *Märchengeburtstag* stand. Die Mutter des Geburtstagskindes hatte sich mit der Einladung viel Mühe gegeben und jedem Kind ein rosafarbenes Märchenschloss gebastelt. Da mein Sohn der einzige eingeladene Junge war, hatte er extra ein blaues Schloss bekommen.

Unser Großer spielt immer wieder mit Mädchen, aber zu dieser Geburtstagsfeier wollte er trotzdem nicht so recht gehen: Er (neben dem jüngeren Bruder des Mädchens) als einziger Junge und dann noch Märchen als Thema – das schien ihm nicht ganz geheuer. Diese Einstellung fand ich wiederum kindisch, und so bestand ich darauf, dass wir wenigstens einmal gemeinsam hingingen, um zu schauen, wie es werden würde.

Innerlich überzeugt, dass er schnell mit den anderen Kindern warm werden und dann viel Spaß haben würde, erwartete ich keine großen Probleme, doch ich hatte mich getäuscht: Die Mädels saßen bald am Tisch, der mit rosa Prinzessinentellern und -bechern liebevoll geschmückt war. Mein Sohnemann aber tigerte durchs Wohnzimmer und weigerte sich, sich an diesen Tisch zu setzen! Ich bat ihn mit Nachdruck, sich nicht so anzustellen, aber erst als die Gastmutter, die gelassener und vielleicht auch weiser war, für ihn einen blauen Teller und Becher hinstellte, nahm er Platz, und ich konnte mich verabschieden.

Als ich ihn später abholte, hörte ich, dass sich meine erste Vermutung dann doch noch bestätigt hatte: Der Geburtstag hatte ihm Spaß gemacht, und er war stolz wie Oskar auf sein Pappschwert, das er basteln durfte, während die Mädchen aus Folie und Pappe Glitzerspiegel gemacht hatten.

Natürlich sind nicht alle Mädchen von rosa Glitzer und alle Jungs von Rittern und Schwertern begeistert. Es ist gut, dass Mädchen und Jungen sich heute freier von bestimmten Vorgaben oder Schubladen entfalten können als früher. Trotzdem hat mich dieses Erlebnis nachdenklich gemacht. Wir haben unsere Jungs zu Hause nicht auf irgendwelche Klischees hin erzogen, zumindest nicht bewusst. Beide hatten neben Autos und einer Werkzeugkiste eine Puppe oder eine Kinderküche mit Zubehör zum Spielen. In Bezug auf Farben hatte ich nie ausdrücklich gesagt, dass das eine Mädchen- oder Jungenfarbe sei.

Woher hatte mein Sohn diese Abneigung gegen Rosa – zumal sein bester Freund leuchtendes Pink als Lieblingsfarbe hat? Umgekehrt entwickelten unsere Jungs als Kleinkinder ohne unser Zutun eine Vorliebe für alles, was vier Räder hat, und später dann für alles, was mit Schwertern und Kämpfen zu tun hat. Als ein ehemaliger Kindergartenfreund unseren Großen nach längerer Zeit wieder besuchte, kloppten sie sich erst einmal freundschaftlich, bevor sie mit Schaufeln bewaffnet einträchtig auf dem nahe gelegenen Hügel nach Schätzen suchten.

Ich habe mich nach dem besagten Geburtstag gefragt, ob wir unsere Kinder in ihrem Jungen- und Mädchensein nicht ernster nehmen müssen, als es gewisse gesellschaftliche Vorgaben momentan möchten. Dabei geht es nicht darum, sie in starre Rollen zu pressen, wie *Jungen weinen nicht* und *Mädchen spielen mit Puppen.* Das würde auch nicht Gottes Willen entsprechen, der uns als Mann und Frau mit einer Vielfalt an Begabungen, Fähigkeiten und Charaktereigenschaften geschaffen hat. Ein kämpferisches oder technisch interessiertes Mädchen ist von ihm gewollt, genauso wie ein sensibler, verträumter Junge, der musisch interessiert ist. Hier müssen wir als Eltern unter Umständen lernen, bestimmte Wunschbilder loszulassen.

Andererseits glaube ich auch, dass Gott mit unserem Mannsein und unserem Frausein etwas in uns hineingelegt hat, was uns tiefer prägt und in unserer Identität ausmacht, als es momentan von einigen Denkrichtungen angenommen wird. Dazu gehören nach meinem Verständnis der Bibel auch einige Rahmenbedingung, die er uns als Mann und Frau gesteckt hat. Diese sind keine starren Festschreibungen, sondern ein Geschenk mit Spielraum. Gott spricht uns als Mann und Frau an, als Söhne und Töchter, und für beide ist er ein guter Vater (2. Korinther 6,18).

Bei allem Respekt für Menschen, die das anders sehen und empfinden, und in dem Wissen, dass auch meine beiden Jungs sich später für einen anderen Lebensstil entscheiden könnten: Ich möchte ihnen gerne ein Bewusstsein für dieses Geschenk der Geschlechtlichkeit mitgeben und sie auf positive Weise in ihrer Entwicklung zum Mann begleiten und bestärken.

Wie ich das mache, hängt stark damit zusammen, wie ich meine eigene Identität als Frau wahrnehme, und auch, wie mein Mann seine als Mann wahrnimmt. Es ist mir deswegen als Mutter wichtig, mich mit dem Geheimnis meiner weiblichen Identität auseinanderzusetzen und mit meinem Schöpfer und anderen Christen im Gespräch darüber zu bleiben, wie er sich das alles mit Mann und Frau oder dem Vater- und Muttersein gedacht hat.

Zum Weiterlesen:
1. Mose 1,26-31 oder 1. Mose 2,18-25

Gebet:

„Vater im Himmel, du hast dir etwas dabei gedacht, als du uns als Mann und Frau erschaffen hast. Lass mich dieses Geschenk wertschätzen und annehmen, selbst wenn ich es nicht bis ins Letzte ergründen kann. Danke, dass du uns unabhängig von unseren Vorlieben und Charaktereigenschaften mit unserer Persönlichkeit liebst und uns eine eigene Identität schenkst. Hilf mir, meine Kinder auch in diesen Fragen weise zu erziehen. Amen."

Tagesimpuls:

- Was bedeutet es für dich, eine Frau zu sein? Was empfindest du daran als schön, womit hast du Mühe?
- Wo teilst du biblische oder bestimmte gesellschaftliche Sichtweisen zum Thema *Mann und Frau*, wo nicht?
- Komm hinsichtlich dieser Fragen mit Gott ins Gespräch – und bleibe es, während deine Kinder sich zum Mann oder zur Frau entwickeln.

37. Himmelfahrt, oder warum am Ende alles gut wird

Ihr sollt so beten: Unser Vater im Himmel! Dein Name werde geheiligt, dein Reich komme, dein Wille geschehe auf der Erde, wie er im Himmel geschieht. Matthäus 6,9-10; NGÜ

Wenn wir mit unseren Jungs zusammen einen Film anschauen und er ihnen zu spannend wird, rennen sie weg. Als Erwachsene kann ich bei Kinderfilmen absehen, dass alles gut ausgeht, und deshalb versuche sie dann immer mit beruhigenden Worten zurück an den Bildschirm zu bewegen – meist jedoch vergeblich. Erst, wenn sie selbst merken, dass die Gefahr vorbei ist, setzen sie sich wieder aufs Sofa und schauen weiter zu.

Im Film ist das Happy End meistens garantiert, und es wäre genial, wenn es im wirklichen Leben auch so wäre. Dann könnten wir nicht nur die Kinder zurück an den Bildschirm rufen, sondern selbst auch viel entspannter die Ungewissheiten unseres Lebens aushalten. Nun muss man uns Deutschen als Weltmeister im Pessimismus vielleicht ab und zu tatsächlich sagen, dass Dinge sich zum Guten wenden können. Manchmal entwickeln sich Situationen oder Beziehungen aber auch wirklich so, wie wir es befürchtet oder nie gewollt haben, und ein Happy End ist nicht in Sicht.

Oscar Wilde wird folgendes Zitat zugeschrieben: „Am Ende wird alles gut. Und wenn es nicht gut wird, ist es noch nicht das Ende." Ist das eine realistische Sicht auf das Leben? Wenn ich vom christlichen Glauben her antworte, würde ich sagen: Ja und Nein.

Nein, weil ich nicht weiß, was die Zukunft im Großen wie im Kleinen bringt und wie Gott in ihr konkret handeln wird. Ja, weil ich daran glaube, dass diese Welt nicht von einem blinden Schicksal regiert wird, sondern von einer Person, die sich als vertrauenswürdig erwiesen hat.

Himmelfahrt – oder Vatertag, wie dieser Feiertag vielen auch geläufig ist – ist der Schlüssel, um das zu verstehen: Jesus hat seinen Auftrag auf der Erde erfüllt. Er hat den Menschen gezeigt, wie Gott ist, was er von ihnen möchte, und vor allem, wie sehr er sie liebt. Er ist am Kreuz für die Schuld und die Gottesferne jedes Menschen gestorben. Er hat durch seine Auferstehung den Tod besiegt und dem Leben in seiner ganzen Fülle zum Durchbruch verholfen. An Himmelfahrt kehrt Jesus nun zurück zu Gott – zu seinem Vater in eine für uns unsichtbare Wirklichkeit.

Kurz bevor er das tut, sagt er seinen Nachfolgern: „Ich habe von Gott alle Macht im Himmel und auf der Erde erhalten. Ihr dürft sicher sein: Ich bin immer bei euch, bis das Ende dieser Welt gekommen ist!" (Matthäus 28,18 + 20b; HfA). Die Gegenwart Jesu in allen Lebenslagen, sein Geschenk des ewigen Lebens und die Tatsache, dass er die Macht hat, jede Situation zu verändern, sind die Grundlagen aller christlichen Hoffnung auf ein gutes Ende.

Aber nicht nur im Blick auf eine ungewisse Zukunft spielt es eine Rolle, wer das Heft in der Hand hat. Jesus möchte, dass ich in meinem Alltag und in meiner Erziehung so handle, dass etwas von seiner guten Herrschaft sichtbar wird. Wenn wir unsere Hände nur abwartend in den Schoß legen oder nur darauf bedacht sind, die Schäfchen unserer Familie ins Trockene zu bringen, verlieren wir Gottes Perspektive für diese Welt.

Jesus lehrt seine Jünger dafür zu beten, dass Gottes Reich kommen möge. Damit ist kein totalitäres System gemeint oder die Vorherrschaft der Kirche über alles andere. Stattdessen geht es um ein Leben, das von Gottes Gegenwart und seinen Werten wie beispielweise Gottes- und Nächstenliebe, Dienstbereitschaft, Vergebung und Demut geprägt ist.

Jesus und die Schreiber des Neuen Testamentes haben die Christen der ersten Generation dazu aufgefordert, so zu leben und damit die Gesellschaft positiv zu gestalten – manchmal mit ihr und manchmal im Kontrast zu ihr. An diesem Auftrag hat sich bis heute für die Nachfolger Jesu nichts geändert.

Wenn ich mir für mich und meine Kinder wünsche, dass alles gut wird, dann schließt das Gottes Auftrag an mich, ihnen ein solches Leben vorzuleben, ein. Das ist keine leichte Aufgabe.

Mich hat in diesem Zusammenhang die Aussage einer Frau aus Pakistan beeindruckt. Als Christin gehört sie mit ihrer Familie der untersten Schicht an, denn der Zugang zu Bildung ist vielen Christen verwehrt und teilweise müssen sie unter sklavenähnlichen Bedingungen arbeiten. Ein falsches Wort kann zu Anschuldigungen mit schlimmen Folgen führen.

In diesem Klima der Angst hat diese Mutter ihren Kindern sinngemäß geraten: „Ihr könnt in der Schule nicht über Jesus reden, aber lebt so, dass sein Licht durch euch hindurch leuchtet."[28] Diese Frau weiß, dass sie ihren Kindern wahrscheinlich kein Happy End bieten kann. Trotzdem gibt sie ihr Bestmögliches dafür, dass am Ende alles gut wird – für sich selbst und ihre Kinder, aber auch für die Menschen, die ihrer Familie nicht wohlgesonnen sind. Diese Frau schöpft ihre Kraft vermutlich ganz praktisch aus der Überzeugung, dass es einen unsichtbaren *Macht-Haber* gibt, der das Leben ihrer Familie in seinen Händen hält und der alles zu einem guten Ende führen wird.

Auch der Theologe und Widerstandskämpfer Dietrich Bonhoeffer lebte aus dieser Perspektive, wenn er kurz vor seiner Hinrichtung durch die Nazis sagen konnte: „Das ist das Ende. Für mich der Beginn des Lebens."[29]

Zum Weiterlesen:

Matthäus 5,1-16 oder Lukas 6

Gebet:

„Vater im Himmel, manchmal fehlt mir das Vertrauen dafür, dass du mein Leben, meine Familie und diese Welt in deinen Händen hältst. Im Alltagstrott verliere ich aus den Augen, was dir wichtig ist. Bitte präge und verändere du mich in diesen Dingen, damit ich meinen Kindern eine begründetete Hoffnung mit auf ihren Lebensweg geben kann. Amen."

Tagesimpuls:

- Wovor hast du am meisten Angst, wenn du an deine oder die Zukunft deiner Kinder denkst?
- Bitte Gott, dass er dir seine Sicht im Blick auf diese Befürchtungen zeigt und dir den Mut schenkt, die Gegenwart durch seine Kraft positiv zu gestalten.
- Vielleicht ermutigt dich im Blick auf deine Befürchtungen auch eine weitere Aussage Dietrich Bonhoeffers: „Ich glaube, dass Gott uns in jeder Notlage so viel Widerstandskraft geben will, wie wir brauchen. Aber er gibt sie nicht im Voraus, damit wir uns nicht auf uns selbst, sondern auf ihn verlassen."[30]

38. Die Kunst, zu loben und zu ermahnen

Weist die Nachlässigen zurecht, tröstet die Kleinmütigen, tragt die Schwachen, seid geduldig mit jedermann. 1. Thessalonicher 5,14; LUT

Vielen Eltern ist heutzutage bewusst, dass Kinder neben Korrektur auch Lob und Ermutigung brauchen, um zu gesunden Persönlichkeiten heranzuwachsen. Ich bemühe mich, das bei meinen beiden Jungs umzusetzen, aber es gibt Tage, da hagelt es deutlich mehr Kritik als ermutigende Worte. Ein Erlebnis mit unserem Dreijährigen hat mir dabei neu gezeigt, wie wichtig die richtige Mischung aus Lob und Tadel ist.

Der Kleine war immer wieder mit seinem Trinkglas unachtsam, hatte damit rumgespielt und es schließlich umgestoßen – trotz meiner wiederholten Ermahnung, vorsichtig zu sein. Nachdem das ein paar Mal passiert war, bekam er ein ordentliches Donnerwetter zu hören. Einige Zeit später bat ich ihn, Nüsse aus einem kleinen Spankorb in einen Teller zu legen. Stolz wie Oskar machte er sich ans Werk. Aber irgendwie passierte es, dass er versehentlich das Körbchen vom Tisch stieß und dabei selbst von seinem Hochstuhl purzelte. Fast noch im Fallen entschuldigte er sich für das Missgeschick und die Unordnung, die er angerichtet hatte.

Mir tat das kleine Kerlchen in dem Moment nicht nur leid, sondern es berührte mich tief, dass seine erste Reaktion nicht war, wegen des Schrecks zu weinen, sondern sich zu entschuldigen. Hatte es sich ihm so sehr eingeprägt, dass die Mama schimpft, wenn ein Missgeschick passiert?

Der dänische Familientherapeut Jesper Juul geht davon aus, dass Kinder in der Regel mit ihren Eltern zusammenarbeiten wollen, wenn ihre Kooperationsbereitschaft nicht überstrapaziert oder ihre Integrität als Person nicht verletzt wird.[31] Mich überzeugt diese Annahme nicht ganz, aber ich glaube, dass sie in vielem zutrifft. Auch bei unserem Großen beobachte ich, dass er zwar manchmal bewusst über die Stränge schlägt, danach aber häufig ehrlich zerknirscht ist, wenn er mich ernsthaft verärgert hat.

Juul ermutigt Eltern, diese Kooperationsbereitschaft der Kinder bei der Erziehung in einem guten Sinn für sich zu nutzen. Wie das praktisch aussehen kann, lerne ich gerade im Blick auf die Tischmanieren des Großen. Bei einem Zwei- oder Dreijährigen sieht es noch süß aus, wenn er sein Essen mit Begeisterung und Geschmatze verputzt. Beim Vorschulkind fällt dann aber doch schon mal die eine oder andere Ermahnung wie: „Sitz gerade!", „Nicht schmatzen!", „Führ den Löffel zum Mund und nicht umgekehrt!" Es gibt Tage, da könnte ich im Sekundentakt eine solche Mahnung aussprechen, während wir beim Mittagessen sitzen.

Es gelingt mir dann nicht jedes Mal, die richtige Mischung zwischen einer korrigierenden Haltung und einem zugedrückten Auge zu finden. Immer wieder muss ich mich bewusst zurücknehmen, um nicht ins Dauernörgeln zu verfallen. Denn ich fürchte, sonst würde meinem Sohn nicht nur der Appetit vergehen, sondern auch die Bereitschaft, um meinetwillen an seinem Verhalten zu arbeiten.

„Man muss sich die Kämpfe, die man ficht, sorgfältig auswählen." Dieses Sprichwort ist auch für das Familienleben hilfreich. Die Familienhelferin Regula Lehmann gibt diesbezüglich folgenden Tipp: „Ihr Familienklima sollte nicht den ganzen Tag von Auseinandersetzungen geprägt sein, […] In Erziehungskursen zum Thema *Grenzen setzen* schenke ich den anwesenden Müttern und Vätern zur Veranschaulichung dieses Prinzips immer je drei Steine. Sie stehen für die beschränkte Anzahl von *Neins*, die wir pro Tag als Erziehende zur Verfügung haben, und dienen der Frage: ‚*Will ich für diese Sache einen meiner Veto-Steine investieren? Oder spare ich mein Nein doch lieber für etwas noch Wichtigeres auf?*‘"[32]

Gott verhält sich uns gegenüber ähnlich: Stück für Stück zeigt er uns die Punkte, an denen wir Veränderung notwendig haben. Würde er uns mit einem Schlag all unsere Fehler oder falschen Denk- und Verhaltensweisen aufzeigen, wären wir mit Sicherheit schnell entmutigt und würden aufgeben.

Christen werden im Neuen Testament ebenfalls dazu aufgefordert, sich gegenseitig in ihrem Glaubensleben zu unterstützen. Das griechische Wort *parakaleo*, das dafür im Urtext gebraucht wird, bedeutet interessanterweise nicht nur ermahnen, sondern ebenso trösten und ermutigen. Ich finde, diese Bedeutungsvielfalt ist auch für die Erziehung eine gute Mischung: Manchmal brauchen unsere Kinder ein paar ernste Worte als Ermahnung, manchmal brauchen sie Ansporn und Ermutigung, um an einer Sache dranzubleiben, und manchmal brauchen sie eine tröstende Umarmung, damit alles wieder gut wird. Die Kunst liegt darin zu erkennen, was wann dran ist.

Zum Weiterlesen:

1.Thessalonicher 5,12-22 oder Römer 15,1-7

Gebet:

„Vater im Himmel, danke, dass du mich ermutigst, ermahnst und tröstest. Hilf mir, auch bei meinen Kindern die richtige Mischung aus Lob, Ermutigung, Kritik und Trost zu finden. Öffne mir die Augen für das, was sie gut können. Hilf mir, geduldig zu bleiben und sie zu ermutigen, wenn sie Schwierigkeiten haben, und zeige mir, wie ich sie auf gute Art ermahnen kann. Amen."

Tagesimpuls:

- Ermahnen, trösten oder ermutigen – je nachdem, was für eine Persönlichkeit wir sind und wie wir selbst geprägt wurden, liegt uns das eine davon näher als das andere. In welchem Bereich liegt dein persönlicher Schwerpunkt?
- Was fällt dir leicht?
- Und wo bräuchte es für eine ausgewogene Erziehung mehr von den anderen beiden Bereichen?

39. Pfingsten, oder was Drachenmamas verändern kann

Dagegen bringt der Geist Gottes in unserem Leben nur Gutes hervor: Liebe, Freude und Frieden; Geduld, Freundlichkeit und Güte; Treue, Nachsicht und Selbstbeherrschung. Galater 5,22+23a; HfA

Vor einiger Zeit stieß ich bei Facebook auf einen sehr treffenden Mütter-Post: Nebeneinander waren darin zwei Fotomontagen zu sehen. Auf dem einen Foto sah man unter der Überschrift *Andere Mütter* eine adrett mit Schürzchen gekleidete Barbiepuppe, die strahlend lächelnd einen leckeren Kuchen in einer rosa Vorzeigeküche präsentierte. Auf dem zweiten stampfte ein brauner Plastikdinosaurier mit aufgerissenem Maul durch das Bild. Auf ihren Pranken hielt diese Dinomama, die mit einer Omaschürze bekleidet war, ein Backblech mit ziemlich durchschnittlich aussehenden Keksen. Die Bildüberschrift dazu lautete: „Ich".

Was in dieser Karikatur witzig daherkommt, kann im Alltag mit Säuglingen oder kleinen Kindern schnell zu einer echten Überforderung werden. Ich weiß noch, wie ich mich gewundert habe, als unsere Hebamme während der ersten Schwangerschaft im Geburtsvorbereitungskurs immer wieder wiederholte, dass wir den Säugling nie schütteln dürften. „Das würde ich nie tun!", war ich mir sicher. Als unser Zweitgeborener mich allerdings mit seinem schlechten Schlafrhythmus an den Rand meiner Kräfte brachte, war ich froh, dass sich ihre Mahnung wie ein Mantra in meinem Kopf eingegraben und für eine tiefrot leuchtende, innere Ampel gesorgt hatte.

Ja, wir Mamas verwandeln uns unseren Kindern gegenüber manchmal in feuerspeiende Drachen. An manchen Tagen sind wir sogar *by default im Drachenmodus*, wie eine Freundin es einmal ausdrückte. Von der strahlenden und glücklichen Vorzeigemutter, die alles im Griff hat, bleibt dann wenig übrig. Meistens sind wir in solchen Momenten über uns selbst erschrocken und unser Verhalten tut uns leid. Wir nehmen uns fest vor, es besser zu machen, schaffen das aber nicht so, wie wir es wollen. Manchmal hilft es, in solchen Situationen mit anderen Müttern darüber zu reden oder sich zumindest dem Partner anzuvertrauen. Mich hat es erleichtert, wenn ich gemerkt habe, dass auch andere Mütter (und Väter) mit dem Drachen in ihnen zu kämpfen haben.

Daneben gibt es noch eine Hilfe, die mir für meinen Erziehungsalltag sehr wichtig geworden ist: den Heiligen Geist. Christen glauben, dass Gott am ersten Pfingstfest seinen Geist auf die Jünger Jesu ausgegossen hat. Seitdem steht die dritte Person der Dreieinigkeit jedem zur Verfügung, der sich Jesus anvertraut hat und ihm nachfolgen will. Dieser *Ratgeber* oder *Tröster*, wie Jesus ihn auch genannt hat, ist die entscheidende Kraft, die das Leben eines jeden Christen verändern und gestalten will und kann. Bildlich gesprochen ist der Heilige Geist der Ritter, der es mit dem unberechenbaren Drachen in mir aufnehmen und ihn zähmen kann. Leider unterschätzen auch wir Christen diese verändernde Kraft oft oder nehmen sie nicht in Anspruch. Stattdessen mühen wir uns selbst damit ab, uns zu verändern – und sind frustriert, wenn es nur im gewissen Maße gelingt.

Wahrscheinlich wünscht sich jede Mutter für ihren Erziehungsalltag die Eigenschaften, die der Apostel Paulus in Galater 5,22 aufzählt. Das Geheimnis liegt darin, Gottes Geist um die notwendige Veränderung zu bitten und ihn wirken zu lassen. Er schafft es, Verhaltensweisen auch da dauerhaft positiv umzugestalten, wo ich mit meinem eigenen Bemühen nicht weiterkomme. Das gilt übrigens auch für unsere Kinder. Erwachsene *und* Kinder sind aus Gottes Gnade gerettet und müssen nicht aus eigener Kraft so leben, wie Gott es als unser Schöpfer von uns möchte.

Wenn wir unsere Kinder dazu anleiten, dass sie sich aus eigener Kraft wie kleine *Superchristen* benehmen sollen, verlangen wir etwas Unmögliches von ihnen. Das Neue Testament zeigt einen anderen Weg auf: Weil Gott weiß, dass wir Menschen an ihm und aneinander schuldig werden, bietet er uns in einem ersten Schritt Vergebung durch seinen Sohn Jesus Christus an. In einem zweiten Schritt will er uns durch die Kraft seines Heiligen Geistes verändern, während wir Jesus nachfolgen.

Das ist die gute Nachricht für die Drachenmama in mir: Wenn es in mir kocht und brodelt, wenn Freundlichkeit, Geduld oder Selbstbeherrschung in einem wütenden Fauchen und Brodeln untergegangen sind, kann ich das Gott sagen, ihn (und meine Kinder) um Vergebung bitten – und darum, dass er mich verändert und mir hilft, ruhiger zu reagieren.

Zum Weiterlesen:
Galater 5,13-26 oder Römer 8,1-16

Gebet:
„Vater im Himmel, du kennst die Momente, in denen ich wie ein Drache durch unsere Wohnung stürme und Dampf ablasse. Du weißt, was der Auslöser dafür ist. Ich bitte dich: Lass mich verstehen, welche große Kraft zur Veränderung du mir mit dem Heiligen Geist geschenkt hast. Wirke du mit deinem Geist in meinem Leben, und bezähme du durch ihn den Drachen in mir. Amen."

Tagesimpuls:
- Was verbindest du mit dem Heiligen Geist?
- Hast du sein Wirken in deinem Leben schon einmal bemerkt, und für welchen Bereich wünschst du dir seine Veränderung?
- Sprich mit Gott darüber und bitte ihn, dass er mit dem Heiligen Geist in deinem Leben wirkt.
- Wenn dir der Gedanke neu oder ungewohnt ist, dass Gott uns durch Jesus unsere Schuld vergibt und uns durch den Heiligen Geist verändern möchte, kannst du mit Gott darüber reden und ihn bitten, dass er dir zu verstehen hilft, was das für dich persönlich bedeutet. Pastoren oder Seelsorger und Mitglieder von Kirchen- und freien Gemeinden vor Ort sind mögliche Ansprechpartner, wenn du vielleicht auch darüberhinaus Fragen zum christlichen Glauben hast.

40. Geschwisterkinder

Wie schön und angenehm ist es, wenn Brüder in Frieden zusammenleben! Es ist so wohltuend wie frischer Tau, der vom Berg Hermon auf die Berge Zions niederfällt. Ja, dort schenkt der Herr seinen Segen und Leben, das niemals aufhört. Psalm 133,1+3; HfA

Ich sehe mich heute noch, wie ich meinem fast Dreijährigen im Bad vor dem Spiegel die Zähne putze. Ich war mit unserem zweiten Kind schwanger, und wahrscheinlich ging gerade ein anstrengender Tag zu Ende. Innerlich fragte ich mich, ob ich das fordernde Leben mit einem ganz kleinen Baby wirklich noch einmal durchmachen will – jetzt, wo der Große gerade anfing, etwas selbstständiger zu werden.

Die Angst vor der eigenen Überforderung kann ein Grund sein, warum Eltern zögern, sich auf weitere Kinder einzulassen. Aber auch der Gedanke, dem oder der Erstgeborenen dann nicht mehr gerecht werden zu können, spielt bei der Familienplanung eine Rolle. Wenn ich sehe, wie sehr ich jetzt mit unserem Dreijährigen noch herumalbere und ihn knuddle, dann tut es mir oft leid, dass der mittlerweile Sechsjährige mit der Ankunft seines Brüderchens auf einmal *der Große* war, der vieles einstecken musste – unter anderem auch, dass die Mama für ihn nicht mehr so viel Kraft, Liebe und Geduld übrig hatte.

Wenn ich mir darüber Gedanken mache, finde ich den Blick darauf hilfreich, wie sehr die beiden Brüder heute aneinanderhängen. Muss einer wegen einer Krankheit zu Hause bleiben und der andere ist im Kindergarten, wird der Patient garantiert fragen, wo der Bruder ist und wann er endlich nach Hause kommt. Tatsächlich können die beiden lang und schön miteinander spielen, auch wenn es zwischendurch zu kleineren oder größeren Auseinandersetzungen kommt. Ich weiß, dass das nicht selbstverständlich ist. Andere Mütter erzählen mir davon, dass sie nahezu den ganzen Tag damit beschäftigt sind, ihre Streithähne irgendwie auseinanderzuhalten. Hier bleibt der Wunsch, dass sich die Geschwister irgendwann zusammenraufen und spätestens als Erwachsene ein gutes, freundschaftliches Verhältnis miteinander gefunden haben.

Die Bibel ist voll mit Geschichten, in denen es um Geschwisterstreitigkeiten geht. Entweder im wortwörtlichen Sinne, wie bei Kain und Abel (1. Mose 4,1-16) oder Joseph und seinen Brüdern (1. Mose 37-48), oder übertragen auf die *Glaubensgeschwister*, also die Menschen, mit denen man denselben Glauben teilt (Galater 5,15; 1. Korinther 6,5-8).

Auch der alttestamentliche König und Dichter David kennt Reibereien zwischen leiblichen oder geistlichen Geschwistern und beschreibt deswegen in Psalm 133 in ausdrucksstarken Worten, wie schön es ist, wenn Brüder (und Schwestern) eine gute Beziehung zueinander haben. David drückt damit eine grundlegende Absicht Gottes für uns Menschen aus: Gott hat uns als Individuen *und* als beziehungsorientierte Geschöpfe geschaffen. Er bringt jedem Einzelnen Wertschätzung entgegen und erkennt ihn als eigene Persönlichkeit an. Gleichzeitig stellt er jeden von uns in die Gemeinschaft mit anderen Menschen, weswegen ein friedliches Zusammenleben in Familie, Kirchengemeinde, Verein, Politik und Gesellschaft ein zentrales Anliegen vieler biblischer Texte ist.

Als Eltern stehen wir in genau dieser Spannung: unsere Kinder als einzigartige Persönlichkeiten wahrzunehmen und zu fördern und sie gleichzeitig zu einem Miteinander mit anderen zu befähigen – egal, ob es sich dabei um Geschwisterkinder, um Cousine und Cousin im

Familienkreis oder um Freunde und Spielkameraden in der Kita handelt.

Vielleicht ermutigt dich in der Herausforderung dieses Spannungsfeldes die Aussage einer sechsfachen Mutter, die selbst mit vier Geschwistern aufgewachsen ist. Dr. Elisabeth Müller, Bundesvorsitzende des Verbandes kinderreicher Familien Deutschland, sagte in einem Interview: „Eine kinderreiche Familie ist ein riesiger Schatz, den ich mit nichts tauschen möchte. Kinder lernen, dass Ressourcen wie Zeit, Aufmerksamkeit und Geld miteinander geteilt werden müssen. Bei allem Glück, manchmal kann Familienleben einfach sehr hart oder mit Sorgen belastet sein. Liebe Paare, an den Herausforderungen könnt ihr wachsen. Und ihr bekommt unglaublich viel zurück. Ihr lebt im Hier und Jetzt, bleibt spontan und nicht allein – auch nicht im Alter. Jedes Kind ist ein Geschenk, und als Geschwister geben sie sich ungemein viel."[33]

Kinder profitieren aus der Begegnung und der Auseinandersetzung mit anderen Kindern. Dieses Wissen kann uns helfen dranzubleiben, wenn diese Beziehungen schwierig und kräftezehrend sind. Und egal, ob unser Kind in einer Mehrkindfamilie, der klassischen Zweikindfamilie oder als Einzelkind aufwächst: Wir können immer für die nötige Weisheit beten, damit wir unserem Nachwuchs zeigen können, wie er seine Stärken und Fähigkeiten als Einzelner entfalten und sich gleichzeitig in die Gemeinschaft mit anderen einbringen kann.

Zum Weiterlesen:
1, Mose 48,15-21

Gebet:

„Vater im Himmel, danke, dass du uns Menschen in Beziehungen hineingestellt hast. Du weißt, wo mir das soziale Verhalten meines Kindes Kopfzerbrechen bereitet. Schenke mir bitte Ideen, wie ich es dabei unterstützen kann. Segne meine Kinder beim Spielen, Streiten und Verzeihen untereinander und in ihren Kontakten mit anderen. Amen."

Tagesimpuls:

- Ein- und Mehrkindfamilien beäugen sich manchmal gegenseitig kritisch. Das ist schade, denn die Kinder könnten wechselseitig von der unterschiedlichen Familiensituation profitieren. Das Einzelkind erlebt vielleicht gerne einmal den Trubel von mehreren Geschwistern mit, während es ein Geschwisterkind genießt, die Aufmerksamkeit eines Erwachsenen ungeteilt für sich zu haben.

41. Schlaf, Mama, schlaf

Ich bin zur Ruhe gekommen, mein Herz ist zufrieden und still. Wie ein kleines Kind in den Armen seiner Mutter, so ruhig und geborgen bin ich bei dir! Psalm 131,2; HfA

Als meine Kinder jeweils noch gestillt wurden, habe ich die Stillzeit immer auch für mich als kleine Ruhepause empfunden: In diesen Augenblicken musste ich wirklich nichts anderes machen, als dazusitzen, meinem Säugling die Brust zu geben und zu warten, bis er satt oder eingeschlafen war. Es hat mich dabei fasziniert, wenn die geschäftigen Händchen während des Trinkens irgendwann ruhiger wurden, die Äuglein anfingen zuzufallen und sich das kleine Mündchen irgendwann schloss. Mein kleines Baby hatte in diesem Moment wirklich alles, was es brauchte, und war rundum zufrieden.

Am schönsten war es natürlich immer, wenn man den süßen Fratz nach dem Stillen ruhig ablegen konnte und er noch eine Weile selig weitergeschlafen hat, während man sich selbst leise davongeschlichen hat. Es berührt uns Erwachsene, einem Baby beim Einschlafen und Schlafen zuzusehen. Wahrscheinlich gibt es kaum ein Bild auf dieser Welt, mit dem man Frieden und Harmonie besser ausdrücken könnte, als das eines schlafenden Kindes.

Schade, dass wir als Erwachsene so eine tiefe innere Ruhe nur noch selten selbst erleben – ich habe mich schon manches Mal gefragt, warum das wohl so ist. Machen wir uns zu viele Sorgen? Sind wir zu beschäftigt damit, unser Leben, unsere Pläne und Projekte am Laufen zu halten? Fehlt uns das Urvertrauen, mit dem sich ein Säugling seinen Eltern erst einmal ganz natürlich und unbedarft anvertraut?

Der alttestamentliche Dichter David gebraucht das Bild eines zufriedenen, schlafenden Kindes, um auszudrücken, wie ruhig und geborgen er sich bei Gott fühlt. Ich würde ihn gerne fragen, wie er das gemacht hat. Als König und mehrfacher Familienvater war sein Leben sicherlich nicht von Natur aus ruhig und beschaulich. Nach meiner Vorstellung passt dieser Psalmvers am ehesten zu einem Mönch, der in Ruhe seiner Arbeit und seinen Gebeten nachgehen kann, ohne dabei ständig abgelenkt und gestört zu werden.

David hatte beim Schreiben allerdings keine meditativ veranlagten Menschen vor Augen, sondern jüdische Pilger, die zum Heiligtum in Jerusalem gereist sind und dabei religiöse Lieder und Gebete gesungen und gebetet haben. Das ist auch nicht gerade ein Szenario, das von Stille, Gelassenheit und Besinnung geprägt ist. Stattdessen stelle ich mir Hitze, Staub, Gedränge und vielleicht auch noch einen schief singenden Mitpilger vor.

Was ist dann das Geheimnis, das hinter diesem Gebet steckt? Ich denke, es ist die Ausrichtung auf Gott. David konzentriert sich darauf, in Gottes Gegenwart anzukommen, wo er sich sicher fühlt und außerdem weiß, dass er mit allem Notwendigen versorgt ist. Das sind für ihn keine schönen, aber alltagsfremden Worte, sondern das ist seine Lebenshaltung.

Wenn die biblischen Berichte etwas über David hervorheben, dann ist es sein felsenfestes Vertrauen darauf, dass Gott ihn führt und es gut mit ihm meint (Psalm 23). Außerdem ist es David in diesem Pilgerlied wichtig, dass er nicht auf andere Menschen herabschaut und sich nicht mit Dingen abgibt, die ihm zu hoch sind – zwei interessante Aussagen für jemanden, der in der Regierungsverantwortung steht.

Und im dritten Vers des kurzen Psalms fordert David die anderen Gläubigen dazu auf, ihre Hoffnung ganz auf Gott zu setzen.

Könnte dieser Dreierschritt auch eine Hilfe für uns Mütter sein, um bei Gott mit all dem, was uns durch den Kopf und die Hände geht, zur Ruhe zu kommen? Wie oft meinen wir, dass wir dieses und jenes noch erledigen müssten, damit alles gut ist. Wie oft beschäftigen wir uns gedanklich mit anderen Menschen und sind entweder neidisch auf sie oder schauen kopfschüttelnd auf sie herab. Und die Herausforderungen, vor die unsere Gesellschaft und die Politik momentan gestellt sind, treiben auch uns mehr oder weniger um.

Können wir es lernen, dieses Gedankenkarussell anzuhalten und stattdessen auf das zu achten, was Gott uns sagen will? Auf das, was er uns schon Gutes getan hat, und vor allem darauf, dass er vertrauenswürdig ist und unser Leben in seinen Händen hält?

So, wie sich ein Kind in einer intakten Familie intuitiv darauf verlässt, dass Mama und Papa auf es aufpassen, wenn es nachts schläft, so können wir es lernen, uns Gott anzuvertrauen. Für uns Erwachsene bleibt das ein lebenslanger Lernprozess. Der Blick auf unseren friedlich schlafenden Säugling oder unser in der Bettdecke eingekuscheltes älteres Kind, ist Gottes kostenloser und liebevoller Nachhilfeunterricht an uns vielbeschäftigte Mamas.

Zum Weiterlesen:
Psalm 131 oder Lukas 10,38-42

Gebet:
„Vater im Himmel, mein Alltag verhindert es oft, dass ich bei dir zur Ruhe kommen kann. Es fällt mir schwer abzuschalten, ruhig zu werden und einfach in deiner Gegenwart zu sein. Bitte zeige mir, wie ich das lernen kann. Hilf mir, dir mit allem zu vertrauen, was mich bewegt. Amen."

Tagesimpuls:
- David beschreibt es als ein aktives Vorgehen, dass er seine Seele *besänftigt und beruhigt* hat, wie es in anderen Bibelübersetzungen heißt.
- Was beunruhigt deine Seele momentan?
- Was könnte dir helfen, vor Gott zur Ruhe zu kommen: ein Tagebucheintrag, ein langer Spaziergang, das Malen eines Bildes, Musik machen oder hören, Kaffeetrinken und Beten mit einer guten Freundin? Versuche, die entsprechende Aktivität in den nächsten Tagen bewusst einzuplanen.

42. Vorbildlich

Darum knie ich nieder vor Gott, dem Vater, und bete ihn an, ihn, dem
alle Geschöpfe im Himmel und auf der Erde ihr Leben verdanken und
den sie als Vater zum Vorbild haben. Epheser 3,14+15; HfA

„Bin ich wie meine Mutter?" oder „Mensch, Mama!" – das sind einige
Treffer, wenn man die Aussage „Ich will nicht so werden wie meine
Mutter" googelt. Egal, ob das Verhältnis zu unserer Mutter und unserem Vater gut oder belastet ist, es gibt immer Dinge, die wir unseren
eigenen Kindern gegenüber anders machen möchten.

Meine Eltern hatten aufgrund ihrer Nebenerwerbslandwirtschaft
für mich und meinen Bruder oft nicht so viel Zeit, wie ich es mir als
Kind gewünscht hätte. Diese Erfahrung war für mich ausschlagge-
bend, zu Hause zu bleiben beziehungsweise nur eingeschränkt be-
rufstätig zu sein, solange meine Kinder klein sind. Auf der anderen
Seite haben meine Eltern mir viel ermöglicht: Ich durfte mit 16 allein
für einen privat organisierten Austausch nach England fliegen, und
als Neunzehnjährige haben sie mich bei einem sozialen Jahr im Na-
hen Osten voll unterstützt.

Sie haben mir durch ihren einfachen, von der Landwirtschaft ge-
prägten Lebensstil außerdem Nachhaltigkeit und ein bewusstes Kauf-
verhalten vorgelebt, lange bevor diese Themen in den Blickpunkt der
Öffentlichkeit kamen. Auch ihre selbstverständliche Hilfsbereitschaft
oder die grundsätzliche Dankbarkeit, mit der sie ihr Leben ange-

nommen und gestaltet haben, haben mich geprägt. Nicht zuletzt haben sie auch die Grundlagen für meinen eigenen Glauben gelegt. Für all das bin ich ihnen sehr dankbar.

Wir erziehen unsere Kinder nicht im luftleeren Raum. Als Mütter haben wir Vorbilder, die uns unbewusst beeinflusst haben oder an denen wir uns bewusst orientieren. Unsere eigenen Eltern gehören dazu, aber auch die anderen Eltern, denen wir im Kindergarten oder der Krabbelgruppe unserer Kinder begegnen. Die Ratgeberliteratur bietet uns unterschiedliche Erziehungskonzepte an, aus denen wir wählen können oder die uns im Kindergarten zu unserer Freude oder unserem Leidwesen präsentiert werden (allein an der nicht wirklich existenziellen Frage, ob Süßigkeiten in der Kita erlaubt sein sollten, scheiden sich die Geister). Sich in diesem Erziehungsdschungel eine eigene Meinung zu bilden und danach zu handeln, ist bereichernd und herausfordernd zugleich.

Die Bibel nennt uns ein weiteres Vorbild für unsere Elternrolle, nämlich Gott selbst. Im heutigen Vers aus dem Epheserbrief wird Gott als das umfassendste Vorbild für die Väter vorgestellt, und vieles daraus lässt sich auf beide Elternteile übertragen. Gott als der perfekte Vater – das ruft unterschiedliche Reaktionen hervor. Die einen verbinden mit Gott als Vater ein strenges Gottesbild, andere ein liebesvolles, und für eine dritte Gruppe bleibt Gott als Vater eher distanziert. Auch hier hängt vieles damit zusammen, wie wir unseren eigenen Vater wahrgenommen haben und wie unsere Mutter uns geprägt hat.

Es ist spannend, verschiedene Bibeltexte einmal unter diesem Aspekt durchzulesen und zu überlegen, wo das eigene Gottesbild Korrektur oder Ergänzung braucht. Die folgenden Punkte sind eine Auswahl davon, wie sich uns Gott als Vater vorstellt und was wir von ihm für unsere Erziehung lernen können:

- Gott als Vater, dessen Liebe ohne Vorbedingungen gilt (Römer 5,8; 1. Johannes 4,9-10).
- Gott als Vater, der falsche Entscheidungen seiner Kinder akzeptiert und negative Folgen nicht zwangsläufig verhindert. Der gleichzeitig aber immer bereit ist, seinen Kindern vollständig zu vergeben und ihnen einen Neuanfang zu ermöglichen (Lukas 15,11-32).
- Gott als Vater des Lichts, der Gutes gibt, uns Wegweisung und Klarheit für unser Leben schenkt und absolut verlässlich ist (Jakobus 1,17).
- Gott als Vater der Barmherzigkeit, der geduldig mit uns ist, unsere Schwachheit kennt und dieses Wissen in sein Handeln mit uns einbezieht (2. Korinther 1,13 und Psalm 103, 8-18).
- Gott als Vater der Waisen, der sich um die kümmert, die wörtlich oder im übertragenen Sinn keinen Vater mehr haben (Psalm 68,5-7).
- Gott als Vater, der unseren Charakter formt und uns zurechtweist, wenn es notwendig ist (Hebräer 12,5-11[34]).

Es lohnt sich für uns als Mütter (und Väter), wenn wir uns neben unserer Lebensgeschichte und den verschiedenen Erziehungskonzepten auch mit unserer Vorstellung von Gott als Vater auseinandersetzen. Denn wenn Gott sich uns gegenüber als Vater vorstellt, dann möchte er uns dadurch vieles für unsere Beziehung zu ihm verdeutlichen. Gleichzeitig möchte er damit zeigen, was es bedeutet, unsere Kinder bedingungslos zu lieben, verlässlich zu sein, ihnen Werte vorzuleben und ihnen gesunde Grenzen zu setzen. Er lädt uns ein, sich an seinem Vorbild zu orientieren und damit von einer Weisheit zu profitieren, die über menschliche Begrenzungen hinausgeht und im Erziehungsalltag zu einer echten Hilfe werden kann.

Zum Weiterlesen:
Epheser 3,14-21

Gebet:

„Vater im Himmel, du willst mein Vater sein und mir dabei helfen, meine Kinder auf gute Art und Weise zu erziehen. Zeige mir, wo mein Bild von dir einseitig ist und ich auch im Umgang mit meinen Kindern Korrektur brauche. Wirke du in unserer Familie, und hilf uns als Eltern und Kindern, dich immer mehr so zu sehen, wie du bist. Amen."

Tagesimpuls:

- Die US-amerikanische Sängerin Amy Grant besingt in einem ihrer älteren Lieder ihren Wunsch, dass andere an ihr *die Augen ihres Vaters* wahrnehmen und meint damit seine Charaktereigenschaften wie Güte, Hoffnung und Barmherzigkeit. Frei ins Deutsche übertragen heißt es im Song: „Wenn ich einen Wunsch frei hätte, dann würde ich dafür beten, dass ich die Leute, wenn sie sich mein Leben anschauen, sagen höre: Sie hat die Augen ihres Vaters."[35] Ich weiß nicht, ob Amy Grant damit ihren leiblichen Vater beschreibt oder ob sie sich vor allem auf Gott bezieht. Aber ich finde es ein schönes Bild für den Wunsch, dass andere Gottes Wesen an uns wahrnehmen können.
- Wo wünschst du dir, dass deine Kinder *Gottes Augen* in deinem Handeln und Reden als Vorbild erkennen?
- Wo musst du selbst noch einmal ganz neu in Gottes Augen blicken, bevor du etwas von seiner Sicht weitergeben kannst?

43. Segenskinder

Segnet! Denn dazu hat Gott euch berufen, damit ihr dann seinen Segen erbt. 1. Petrus 3,9b; NGÜ

Als Mütter haben wir eine ganze Menge Rollen, die wir unseren Kindern gegenüber einnehmen: Anfangs sind wir die Grundversorgerin, die füttert, Windeln wechselt, Sicherheit und Geborgenheit gibt und nachts auch noch ein drittes oder viertes Mal aufsteht, wenn es nötig ist.

Beim Kleinkind werden wir zur Entdeckerbegleiterin, die gefährliche Gegenstände blitzschnell aus dem Weg räumt, die Hand gerade noch rechtzeitig zwischen Kinderkopf und Tischkante schiebt und deren Bein als Stütze bei den ersten wackeligen Schrittchen dient.

Noch etwas später werden wir zur Welterklärerin, zur Geschwisterstreit-Schlichterin, Schürfwunden-Puste und -Trösterin, Trotzphasen-Aushalterin, Vorleseverzauberin und zentrale Anlaufstelle für sämtliche kindliche Anliegen und Fragen.

Mehr im Hintergrund sind wir außerdem Kindergartenaussucherin, Terminmanagerin und Kindergeburtstagsexpertin. Mama-Sein (und natürlich auch Papa-Sein) ist eine unglaublich vielfältige Aufgabe, deren schönste Belohnung es vielleicht ist, wenn der Dreijährige einem einen Schmatz auf die Backe drückt und im Brustton der Überzeugung sagt: „Ich hab dich lieb! Du bist die beste Mama der Welt!"

Neben all diesen offensichtlichen und alltäglichen Aufgaben gibt es noch einen Aspekt unseres Mama-Seins, der eher im Verborgenen geschieht: Wir sind dazu berufen, unsere Kinder geistlich zu begleiten, für sie zu beten und sie zu segnen.

Dass Christen andere Menschen segnen und für sie beten sollen, wird im Neuen Testament immer wieder betont (Lukas 6,28; Römer 12,14). Diese Aufforderung zum Gebet gilt nicht nur für Menschen aus dem Freundes- oder Familienkreis, mit denen wir gut können, sondern auch gegenüber denen, mit denen das Zusammenleben schwierig bis unmöglich ist. Aber auch ein wohlwollendes, begleitendes Segnen ist Teil dieser Aufgabe.

Im Alten Testament wird dem jüdischen Volk ein wunderschöner Segensspruch mit auf den Weg gegeben, der bis heute Gläubigen in jüdischen und christlichen Gottesdiensten zugesprochen wird: „Der Herr segne dich und behüte dich; der Herr lasse sein Angesicht leuchten über dir und sei dir gnädig; der Herr hebe sein Angesicht über dich und gebe dir Frieden" (4. Mose, 6,24-26; LU).

Jemanden in Gottes Namen zu segnen, bedeutet Gottes Gegenwart, seine Hilfe und Bewahrung, seine Gnade und seinen Frieden in das Leben dieser anderen Person hineinzusprechen – im Vertrauen darauf, dass Gott diese Worte mit seinem Wirken füllt.[36]

Das Neue Testament berichtet von einer Begebenheit, in der Jesus einige Kinder segnet, die von ihren Müttern aus diesem Grund zu ihm gebracht worden waren – übrigens gegen den Widerstand der Jünger. Kinder sind für diese ganz spezielle Zuwendung Gottes also nicht zu klein, und als Mütter können wir auch heute noch in die Rolle derjenigen schlüpfen, die ihre Kleinen mit der Bitte um Gottes Segen zu Jesus bringen. Ganz offiziell bieten sich dafür schöne Ereignisse an, wie die Kindersegnung oder -taufe, der Tauferinnerungsgottesdienst oder ein Segnungsgottesdienst für Schulanfänger.

Letzteren haben wir mit unserem Großen vor Kurzem gefeiert: Der Pfarrer hat die kleinen Fast-ABC-Schützen im Namen Jesu gesegnet und ihnen zugesagt, dass Jesus sie in der Schule begleitet und bei ihnen sein wird. Aber auch zu Hause, ganz abseits von Pastor und Gemeinde können wir als Mütter unsere Kinder segnen.

In manchen Familien ist der morgendliche Segen ein Ritual, bei dem man den Kindern die Hände auf den Kopf legt und ihnen Gottes Begleitung für den Tag zusagt, bevor sie aus dem Haus gehen. Ich selbst schicke meinen Kindern (und meinem Mann) einen Segen hinterher, wenn sie schon aus dem Haus sind und ich meine erste Tasse Tee genieße oder selbst im Auto auf dem Weg zur Arbeit bin. Ich bitte Gott dann, dass er meine beiden im Kindergarten und der Schule bewahrt, ihnen eine gute Zeit mit den anderen Kindern schenkt oder den Erzieherinnen und Lehrern Weisheit im Umgang mit den Kindern gibt.

Es gibt viele verschiedene Bereiche, in denen wir unsere Kinder segnen und für sie beten können: für ihr geistliches, seelisches, emotionales, kognitives und körperliches Wachstum, ihre Kontakte, ihre Zukunft, ihre Identität und Integrität, ihre Ängste und Schwächen.

Auch in Konfliktsituationen kann ein bewusst gesprochenes Gebet im wahrsten Sinne des Wortes ein Segen sein. Wenn du merkst, dass du Schwierigkeiten mit dem Verhalten deines eigenen oder eines fremden Kindes hast, dann bitte Gott darum, dieses Kind zu segnen. Was dadurch passieren kann, beschreibt Familienfrau und Autorin Ruth Heil so: „Vor einiger Zeit stand ich am Bett meines sehr temperamentvollen Kindes. Es lag in tiefem Schlaf. ‚Herr‘, betete ich, ‚segne dieses Kind besonders. Ich komme nicht immer mit ihm zurecht, aber du liebst es.‘ Am nächsten Morgen hatte ich ein verändertes Kind. Ob Gott das Kind veränderte oder meine Einstellung zu ihm, das spielt für mich keine Rolle. Gott stellt sich beim Segnen verbindend zwischen uns und löst, was ich nicht lösen kann.“[37]

Gott handelt nicht immer so schnell und durchgreifend wie in diesem Fall. Aber wenn wir Gott um seinen Segen bitten, zapfen wir für uns und andere eine Kraftquelle an, die weit über das hinausgeht, was wir als Menschen erreichen und bewirken können. Dabei geschieht nichts Magisches,[38] und Gottes Segen ist auch keine Garantie für ein problemloses Leben. Aber die Tatsache, dass Gott unsere Kinder begleiten möchte und auf unser Bitten darum wartet, ist ein guter Grund, unser Aufgaben-Potpourri um das der segnenden Mutter zu erweitern.

Zum Weiterlesen:
Markus 10,13-16

Gebet:
„Vater im Himmel, danke, dass dein Segen nicht für besondere Ereignisse oder wichtige Persönlichkeiten reserviert ist, sondern dem Alltag und insbesondere auch Kindern gilt. Ich bitte dich, segne _____ [Namen deines Kindes oder deiner Kinder]. Bewahre sie/ihn bei ihren/seinen Aktivitäten zu Hause und unterwegs. Sei ihr/ihm nahe und schenke ihr/ihm deine Gnade und deinen Frieden. Amen.“

Tagesimpuls:
- Vielleicht möchtest du ein eigenes *Segnungsritual* für deine Familie erfinden? Das kann beispielsweise am Sonntagabend zum Abschluss des Wochenendes und in Vorbereitung auf die neue Woche geschehen. Du könntest eine Kerze anzünden und dann jeden fragen, was ihm für die neue Woche wichtig ist. Dafür kann dann gebetet und ein Segen ausgesprochen wer-

den. Bei kleineren Kindern kann man stattdessen ein einfaches Segenslied gemeinsam singen und sich dabei an den Händen fassen. Aber auch der Morgen oder die Zeit beim Zubettgehen bietet sich für eine Geste des Segens an.[39]

44. Zum Schluss wird's himmlisch

Freut euch in der Hoffnung, haltet durch in schweren Zeiten, bleibt beständig im Gebet. Römer 12,12; NGÜ

Mit unserer Gemeinde waren wir auf eine Wochenendfreizeit gefahren. Am letzten Abend fragte mich unser Dreijähriger unvermittelt: „Mama, sind wir hier bei Gott im Himmel?" Ich weiß nicht genau, was ihn zu dieser Frage bewogen hat, aber als ich ihn fragte, ob er das wissen wolle, weil es hier so schön sei, antwortete er mit Ja.

Für den kleinen Knirps waren die Tage wirklich paradiesisch gewesen: Der Papa war den ganzen Tag für ihn da gewesen; wir hatten im Tierpark Bären ganz aus der Nähe gesehen; er durfte mit mir Sommerrodelbahn fahren und konnte mir dabei stolz versichern, dass ich keine Angst haben müsse, weil er auf mich aufpassen würde; er ist mit Gleichaltrigen über das Gelände gestromert und wurde dabei nicht von seinem großen Bruder herumkommandiert; es gab biblische Geschichten und Bastelangebote für die Kinder, und natürlich durften sie abends viel länger als gewöhnlich aufbleiben.

Aus der Perspektive eines Kindes klingt das ziemlich himmlisch. Und auch ich hatte das schöne Wetter, die Aktivitäten und die gemeinsam verbrachte Zeit ebenfalls sehr genossen, selbst wenn es bei uns Erwachsenen hin und wieder auch „gemenschelt" hat und es deswegen nicht gaaaanz so perfekt war.

Himmlische Zustände und eine heile Welt, das wünschen wir uns für unsere Familien. Die Wirklichkeit ist eher ein Wechselspiel aus Licht und Schatten, und für manche bedeutet Familie mehr Kummer als Freude. Was hilft in dem täglichen Auf und Ab, den Hochs und Tiefs, den verschiedenen Phasen, die man als Familie durchläuft? Einige Gedanken, die ich übrigens aus den Predigten für die Erwachsenen aus besagter Freizeit mitgenommen habe, können eine Hilfe sein.

Zum einen hat uns Gott bis jetzt nicht im Stich gelassen. Das Alte Testament erzählt eine Geschichte, in der die Israeliten Gottes Hilfe in einer kriegerischen Auseinandersetzung erlebt hatten, bei der sie sonst vermutlich unterlegen gewesen wären. Zum Dank richteten sie einen Stein mit dem Namen *Eben-Ezer* („Stein der Hilfe") auf und stellten dabei fest: „Bis hierher hat Gott uns geholfen" (vgl. 1. Samuel 7,12).

Wenn ich mir überlege, welche Ängste und Sorgen ich hatte, als mein Großer im Kleinkindalter war, und wie sich dann alles entwickelt hat, geht es mir ähnlich. Ich merke, dass Gott mir und uns als Familie bis heute immer wieder geholfen hat. Was hatte ich für eine Angst, dass mein damals Kleiner sich gegenüber anderen Kindern nicht würde durchsetzen können oder dass er keine Freunde finden könnte. Wie unsicher war ich, wenn es darum ging, ihm Glaubensinhalte auf gute Art und Weise zu vermitteln. Wie sehr habe ich manchmal darum gerungen, meinen eigenen Erziehungsstil zu finden und gleichzeitig da für Korrektur offenzubleiben, wo es nötig war.

Bei unserem zweiten Kind bin ich viel gelassener – zum einen, weil ich auf meine Erfahrung zurückgreifen kann und dazugelernt habe. Zum anderen, weil Gott in dieser Zeit vieles geschenkt und bewirkt hat: Freunde und neue Bekannte für unsere Kinder und uns; Denkanstöße aus verschiedenen Richtungen; Veränderung in mir selbst und Kinder, die sich gesund entwickelt haben.

Zum anderen ist die Aussage „bis hierher hat Gott uns geholfen" Rückblick und vertrauensvoller Ausblick zugleich. Wir haben Gottes

Hilfe nie im Voraus in der Tasche, sondern können immer nur im Vertrauen darauf leben, dass Gott weiter an unserer Seite steht und uns begleitet. Für uns als Familie steht mit der Einschulung des Großen ein neuer Abschnitt an. Auch in anderen Bereichen geht das Leben weiter: Unsere Eltern werden älter, und wir selbst stehen auf einmal in der Mitte des Lebens – selbst wenn Vierzig zum Glück das neue Dreißig ist.

Wer weiß, was die nächsten Jahre bringen, ob sie himmlisch, einfach nur menschlich oder ziemlich schwierig werden. Wahrscheinlich wird es eine Mischung aus allem sein, und der heutige Tagesvers ist ein Begleiter für all diese Unwägbarkeiten: Wir können uns aus unserer Hoffnung auf Gott Freude schenken lassen, wir sind aufgefordert, in rauen Zeiten durchzuhalten und in jeder Situation am Gebet dranzubleiben. Und wir dürfen darauf vertrauen, dass es einmal tatsächlich himmlisch werden wird.

Für die vielen irdischen Tage dazwischen sind folgende Worte des amerikanischen Pastors Dave Stone eine schöne Ermutigung: „Wir können nur unser Bestes tun. Aber Gott kann viel mehr als das. Auch wenn Sie Fehler machen oder im Chaos stecken, denken Sie daran, was Gott am besten kann: Er erneuert. Er baut auf. Er erlöst. Und das kann er auch in Ihrer Familie tun. […] Gott hat dasselbe Ziel wie Sie: Er möchte Ihrer Familie helfen, zu der Familie zu werden, die er haben möchte – und das ist keine Familie, die so tut, als ob, auch keine Familie, die perfekt ist, sondern eine Familie, in der die Kinder glauben und unseren Herrn Jesus Christus lieben lernen."[40]

Zum Weiterlesen:
1. Petrus 5,6-11

Gebet:

„Vater im Himmel, danke, dass ich deine Hilfe bis jetzt immer wieder erlebt habe! Hilf mir bitte, dir auch im Blick auf die Zukunft zu vertrauen. Schenke du mir die Hoffnung, die Kraft und das Durchhaltevermögen, dass ich für meine Aufgabe als Mutter brauche. Amen."

Impuls:

- Wenn es in deiner Familie momentan alles andere als himmlisch zugeht oder du an deiner Fähigkeit als Mutter zweifelst, dann überlege, wo du im Familienalltag Gottes Hilfe schon erlebt hast.

- Wenn du möchtest, dann suche dir einen kleinen Stein und lege ihn als dein persönliches *Eben-Ezer* sichtbar an einen Ort, wo er dich immer wieder an Gottes Treue erinnert.

Stichwortverzeichnis

Anmerkungen

1 Sandra & Reinhard Schlitter mit Christoph Fasel, „Mirco. Verlieren. Verzweifeln. Verzeihen.", S. 173, adeo Verlag, Asslar, 2012.

2 Birgit Sych, „Rennst du noch – oder lebst du schon? Zeit haben in einer beschleunigten Welt", S. 33, Brunnen Verlag Gießen, 2005.

3 Heidi und Jörg Zink, „Kriegt ein Hund im Himmel Flügel?", S. 88, Laetare Verlag Stein/ Nürnberg, 1972.

4 Katie Davis mit Beth Clark, „Katie – Leben für Ugandas Kinder", SCM Hänssler, Holzgerlingen, 2012.

5 Ebd., S. 276.

6 Veronika Smoor, Heiliger Alltag – Zwischen den Töpfen und Pfannen Gott begegnen, SCM Verlag, Witten, 2016. S. 259ff.

7 Anne Löwen, „Unendlich wertvoll. Sofapausen für junge Mamas", Brunnen Verlag, Gießen, 2018², S. 46.

8 Vgl. Michael Winterhoff, „Warum unsere Kinder Tyrannen werden", Mosaik bei Goldmann, München, 2010², S. 132f.

9 Michael Winterhoff, ebd. S. 91f.

10 Ruth Heil, „Hallo Mama 2018", Kalenderblatt September, Media-Kern GmbH, Wesel 2017.

11 Pamela Druckerman, „Warum französische Kinder keine Nervensägen sind. Erziehungsgeheimnisse aus Paris", Goldmann Verlag, München, 2015².

12 Zitiert bei ebd., S. 311.

13 Aus Elisabeth Elliot, „Keep a quiet heart", OM Publishing Cumbria, Canada, 1999, S. 139f. Zitate aus dem Englischen frei übertragen.

14 Katie Davis Majors, Katie – Hoffnung gibt nicht auf, SCM Hänssler, Holzgerlingen, 2018.

15 Ebd. S. 142.

16 Ich denke, es ist klar, dass mit dieser Art von Gotteskämpfern nicht die militanten und gewaltbereiten Gotteskämpfer von heute gemeint sind. Stattdessen geht es wie bei Jakob um ein persönliches Ringen des Einzelnen mit Gott.

17 Jennifer Polimino und Caroyln Warren, „Beten für mein kleines Kind – Ein Begleitbuch für die ersten fünf Jahre", Cap Books, Haiterbach – Beihingen, 2015. S. 248ff.

18 Entsprechende Fragekarten gibt es zum Beispiel als Liebesspiel bei TeamF. (https://www.team-f.de/de/shop__54/getProdInfos_-_13/) oder als TalkBox beim Neukirchener Verlag (https://www.neukirchener-verlage.de/index.php?action=artikel&subaction=zeige&var=155.809); aufgerufen am 19.02.2019.

19 Emerson Eggerichs, „Liebe & Respekt. Die Nähe, nach der sie sich sehnt. Die Anerkennung, die er sich wünscht.", Verlag Gerth Medien, Asslar, 2010. S. 330

20 Pamela Druckermann, „Warum französische Kinder keine Nervensägen sind.", Goldmann Verlag 2015², München, S. 257f. Hervorhebung original.

21 Jeser Juul, Dein kompetentes Kind. Auf dem Weg zu einer neuen Wertgrundlage für die ganze Familie, Rowohlt Taschenbuch Verlag, Hamburg, 2013, S. 102.

22 Andreas Sus, entnommen aus der Zeitschrift der Evangelischen Gesellschaft F.D. „Licht und Leben" 3+4/2018, aus der Rubrik „7 Fragen an".

23 Manfred Siebald „Wie tief kann ich fallen", © 1979 Musikverlag Klaus Gerth, Asslar.

24 https://botgarten.unibas.ch/arten/selenicereus_grandiflorus/; aufgerufen am 08.04.2019.

25 Kurt Henning (Hrsg.); Jerusalemer Bibellexikon, Hänssler Verlag, Neuhausen-Stuttgart, 1989; Stichwort „Pflanzen", S. 681.

26 https://www.bibelwissenschaft.de/wibilex/das-bibellexikon/lexikon/sachwort/anzeigen/details/lilie/ch/c4c47034157316c4df-19169dcb899840/; aufgerufen am 08.04.2019.

27 Zietiert in „Dietrich Bonhoeffer, Gottes Wege gehen, 40 Impulse für 7 Wochen" Ein Fastenkalender mit Worten von Dietrich Bonhoeffer, St.Benno Verlag, Leipzig (ohne Angabe eines Jahres)

28 Quelle: DVD „Shockwave. Jugend-Gebetsbewegung für verfolgte Christen. Pakistan", Open Doors Deutschland, 2019.

29 Dietrich Bonhoeffer, Letzte Worte, 9. April 1945, überliefert durch Payne Best an Bischof George Bell, DBW 16, S. 468.

30 Quelle: https://www.dietrich-bonhoeffer.net/zitat/23-ich-glaube-dass-gott-uns-in/; aufgerufen am 09.07.2019.

31 Jesper Juul, Dein kompetentes Kind. Auf dem Weg zu einer neuen Wertgrundlage für die ganze Familie, Rowohlt Taschenbuch Verlag Hamburg, 10. Auflage 2013; S. 46ff.

32 Regula Lehmann, Sexualerziehung? Familiensache!, Brunnen Verlag Basel 2012²; S. 57f. Hervorhebung original.

33 Zitiert aus dem Interview „„Phänomenal oder asozial" – Warum nicht ganz normal?', in der Kundenzeitschrift Wirbelwind. Jako-o Familienmagazin, Sommer 2019, Jakoo-o GmbH Bad Rodach, S. 33.

34 Der Autor des Hebräerbriefes zitiert hier eine Stelle aus dem alttestamentlichen Buch der Sprüche, in der es auch um körperliche Züchtigung geht. Letztere gehörte zur Zeit des Alten und Neuen Testamentes in den meisten Kulturen in unterschiedlichem Maß zur Erziehung dazu und war auch Teil des „Erwachsenenstrafrechts", (vgl. Thorsten Dietz in „Frei Erziehen – Halt geben. Christliche Erziehung für unperfekt Eltern." SCM Verlag Witten, 2017; S. 130) In unserem westlichen Kulturkreis hat sich das

Empfinden dahingehend heute stark verändert, in Deutschland ist die körperliche Züchtigung nach BGB 1631 verboten (https://de-jure.org/gesetze/BGB/1631.html; aufgerufen am 12.06.2019). Wilhelm Faix, ehemaliger Fachdozent für Psychologie und Pädagogik, sagte dazu in einem Interview: „Wenn dabei manche [Christen] schnell die Sprüche heranziehen und daraus eine körperliche Strafe ableiten, ist das katastrophal. […] Kein Mensch kommt auf die Idee, Jesus wörtlich zu nehmen, wenn er sagt, dass wir ein Auge ausreißen sollen, das uns in Versuchung führt. Aber in Bezug auf diese Sprüche gibt es Christen, die sagen, dass man das wörtlich nehmen muss. Es geht in diesem Text um Erziehungsmaßnahmen. Für uns stellt sich die Frage, wie solch eine Erziehungsmaßnahme auf Heute angewandt aussehen kann." (https://www.erf.de/index.php?content_spage=&node=2803-542-4055; aufgerufen am 12.06.2019). Einige neuere Übersetzungen tragen diesem Verständnis Rechnung, indem sie Hebräer 12,6 zum Beispiel so wiedergeben: „Wie ein Vater seinen Sohn erzieht, den er liebt, so erzieht der Herr jeden mit Strenge, den er als sein Kind annimmt." (HfA).

35 Amy Grant, Father's eyes, Lyrics by Gary Chapmann, 1979. Vgl. https://genius.com/Amy-grant-fathers-eyes-lyrics; aufgerufen am 09.07.2019.

36 Vgl. dazu „Segen und Fluch" in „Jerusalemer Bibellexikon", Kurt Hennig (Hrsg.) ‚Hänssler Verlag, Neuhausen-Stuttgart, 1989, S. 803ff.

37 Ruth Heil, „Gott liebt Mamas – 30 Atempausen", mediaKern GmbH, Wesel, 2017, S. 62.

38 Ruth Heil, ebd.

39 Tipps in Anlehnung an https://www.jesus.de/der-segensknigge-10-tipps-fuer-den-segen (aufgerufen am 18.06.2019).

40 Dave Stone, „Wie Kinder glauben lernen. Zu Hause Glauben leben", Christliche Verlagsgesellschaft Dillenburg, 2013; S. 151 u. 154.

Der Verlag weist ausdrücklich darauf hin, dass im Text enthaltene externe Links vom Verlag nur bis zum Zeitpunkt der Buchveröffentlichung eingesehen werden konnten. Auf spätere Veränderungen hat der Verlag keinerlei Einfluss. Eine Haftung des Verlags ist daher ausgeschlossen.

Die Bibelzitate wurden den folgenden Bibelübersetzungen entnommen:
Gute Nachricht, © 1997 Deutsche Bibelgesellschaft, Stuttgart. (GNB)
Hoffnung für alle* entnommen, Copyright © 1983, 1996, 2002 by Biblica, Inc.*.
Verwendet mit freundlicher Genehmigung des Herausgebers Fontis –
Brunnen Basel. (HfA)
Luther, revidierte Fassung von 1984, durchgesehene Ausgabe in neuer
Rechtschreibung. © 1984 Deutsche Bibelgesellschaft, Stuttgart. (LUT)
Neue Genfer Übersetzung – Neues Testament und Psalmen,
Copyright © 2011 Genfer Bibelgesellschaft. (NGÜ)
Neues Leben. Die Bibel, © 2002 und 2006 SCM R.Brockhaus
im SCM-Verlag GmbH & Co. KG, Witten (NLB)
Zürcher Bibel – © 2007 beim Theologischen Verlag Zürich, Zürich. (ZB)

© 2020 Gerth Medien
in der SCM Verlagsgruppe GmbH,
Dillerberg 1, 35614 Asslar

1. Auflage 2020
Bestell-Nr. 817631
ISBN 978-3-95734-631-5

Lektorat: Ruth Harmsen
Umschlaggestaltung: kathrin steigerwald | gestaltung www.kathrinsteigerwald.de
Satz und Gestaltung: Apel Verlagsservice, Bad Fallingbostel
Druck und Verarbeitung: GGP Media GmbH, Pößneck
Printed in Germany

www.gerth.de